二十四史
马上读
语文历史都进步

第三册

《汉书》

李海杰 主编

北京理工大学出版社
BEIJING INSTITUTE OF TECHNOLOGY PRESS

版权专有　侵权必究

图书在版编目（CIP）数据

二十四史马上读：语文历史都进步：函套共12册/李海杰主编. —北京：北京理工大学出版社，2023.10

ISBN 978 – 7 – 5763 – 2413 – 6

Ⅰ. ①二… Ⅱ. ①李… Ⅲ. ①二十四史 – 青少年读物 Ⅳ. ①K204.1 – 49

中国国家版本馆CIP数据核字（2023）第097057号

出版发行 /	北京理工大学出版社有限责任公司
社　　址 /	北京市丰台区四合庄路 6 号
邮　　编 /	100070
电　　话 /	（010）68944451（大众售后服务热线）
	（010）68912824（大众售后服务热线）
网　　址 /	http://www.bitpress.com.cn
经　　销 /	全国各地新华书店
印　　刷 /	唐山富达印务有限公司
开　　本 /	880毫米×1230毫米　1/32
印　　张 /	77.75
字　　数 /	1236千字
版　　次 /	2023年10月第1版　2023年10月第1次印刷
定　　价 /	398.00元（全12册）

责任编辑 / 徐艳君
文案编辑 / 徐艳君
责任校对 / 刘亚男
责任印制 / 施胜娟

图书出现印装质量问题，请拨打售后服务热线，本社负责调换

目录

汉书

高帝纪 / 003
◎ 从一介亭长到开国皇帝

高后纪 / 010
◎ 大汉第一太后

文帝纪 / 016
◎ 乱局登基，勤俭治国

景帝纪 / 022
◎ "文景之治"与"七国之乱"

武帝纪 / 028
◎ 开创西汉盛世的大帝

韩信传 / 034
◎ 功高震主的无双国士

吴王刘濞传 / 041
◎ "七国之乱"的祸首

刘向传 / 046
◎ 耿直的目录学鼻祖

萧何传 / 052
◎ 开国第一侯

张良传 / 058
◎ 运筹帷幄，决胜千里的谋臣

周勃传 / 064
◎ 平叛安刘第一人

周亚夫传 / 070
◎ 平定"七国之乱"的名将

淮南王刘安传 / 077
◎ 梦想谋反的淮南王

贾谊传 / 083
◎ 政论天下的一代名儒

晁错传 / 089
◎ 善谋国不善谋身的政治家

李广传 / 095
◎ 令匈奴惧怕的"飞将军"

苏武传 / 101
◎ 牧羊北海,持节不屈

卫青传 / 107
◎ 平定匈奴的大将军

霍去病传 / 112
◎ 勇冠三军的冠军侯

董仲舒传 / 117
◎ 天人策问,独尊儒术

司马相如传 / 123
◎ 风流才子,汉赋大家

张汤传 / 129
◎ 奉公弄权的廉洁酷吏

张骞传 / 135
◎ 丝绸之路的开拓者

主父偃传 / 142
◎ 力主"推恩令"的权臣

东方朔传 / 148
◎ 滑稽的辞赋家

霍光传 / 154
◎ 受命托孤，权倾朝野

扬雄传 / 160
◎ 淡泊名利的辞赋大家

儒林传 / 166
◎ "易学宗师"京房
◎ "古文尚书学"开创者孔安国

循吏传 / 172
◎ 公学始祖文翁
◎ 政绩第一黄霸

游侠传 / 178
◎ 淡泊侠士朱家
◎ 亡命侠客郭解

匈奴传 / 184
◎ 称雄草原的剽悍民族

西域传 / 190
◎ 西域强国安息
◎ 安逸之国大月氏
◎ 天马之国大宛
◎ 化敌为友的龟兹

外戚传 / 197
◎ 平民太后窦漪房
◎ 一代贤后卫子夫

王莽传 / 205
◎ 篡位的野心家

汉书

《汉书》又称《前汉书》，是我国第一部纪传体断代史，与《史记》《后汉书》《三国志》并称"前四史"。

《汉书》由东汉史学家班固编撰，共一百二十卷，其中包括本纪十三卷、表十卷、志十八卷、列传七十九卷。记载从汉高祖到新朝王莽共二百三十年的历史。《汉书》开创了我国断代史纪传体先河，成为官方正史最主要的编纂形式，标志着我国封建史学的确立，对后世影响深远。

班固

班固（32—92年），字孟坚，扶风郡安陵县（今陕西省咸阳市）人，是继司马迁之后著名的史学家、文学家。

班固自幼十分聪敏，九岁就能写文章、朗诵诗赋，成年后博览群书，学识十分渊博。由于《史记》只写到汉武帝太初年间，当时便有不少人编写续篇。班固的父亲班彪对续篇感到不满意，写了六十五篇《后传》。班彪死后，年仅二十三岁的班固决心继承父业，在《后传》的基础上编撰《汉书》。公元92年，班固受牵连被捕死于狱中，享年六十一岁。此时《汉书》的八表及天文志均未写完，后分别由班固的妹妹班昭、弟子马续补编完成。

汉书·高帝纪

高帝纪

> 刘邦（公元前256—公元前195年），字季，泗（sì）水郡丰县（今徐州市丰县）人，西汉王朝的开创者，杰出的政治家、战略家和指挥家，汉民族和汉文化的开拓者之一。死后谥号高皇帝。

❂ 从一介亭长到开国皇帝

传说刘邦的母亲有一次在水塘堤坝旁边睡着了，梦见与天神相遇。突然天色阴暗，雷电交加，刘邦的父亲急忙出门寻找妻子，结果却见一条蛟龙盘在妻子身上。随后不久，刘邦的母亲便怀孕生下了刘邦。

刘邦为人十分宽厚，胸襟也很开朗，不拘小节，心怀壮志而且不安于从事寻常工作。成年以后，他当上了泗水（今徐州市沛县境内）亭长，负责管理当地的治安。

有一回，刘邦在去京城咸阳（今咸阳市）的路上，看

二十四史马上读，语文历史都进步

到了秦始皇出巡时的威仪，便感叹地说："大丈夫就应该是这个样子啊！"

一次，刘邦押送役夫去给秦始皇修陵墓，途中有很多人逃跑。刘邦一看，知道大事不妙，就说："大家索性都散了吧，我从今以后也要远走高飞了！"有十几个血气方刚的役夫表示愿意跟随刘邦，于是他带着众人从小路逃走。

▼汉高祖醉斩白蛇

这时,探路的人跑来报告,说前面有一条白蛇挡住了去路,不如赶紧往回走。此时刘邦刚喝完酒,便略带醉意地说:"大丈夫前行,有什么好害怕的?!"说着便拔剑上前,把大蛇斩为两截,带领众人继续赶路。

后来,他们遇到一位老妇人在路旁哭泣,她称自己的儿子是白帝之子,变成大蛇挡在道中,结果遇到赤帝之子,被他斩杀。刘邦听后心中暗自高兴,认为自己一定能干出一番大事业,众人知道后也越来越拥戴他。

公元前209年,陈胜、吴广起义反秦。刘邦响应起义,鼓动百姓杀掉了沛县(今徐州市沛县)县令,占据了县城,随后刘邦被推举为首领,人称"沛公"。

后来,刘邦投奔了另一位起义首领项梁,共同拥立了新的楚怀王。为了迅速灭掉秦国,几位首领商议兵分几路,约好谁先入关中(今陕西省中部),谁便是关中王。

公元前206年,刘邦率领义军攻破武关(今商洛市丹凤县境内),秦王子婴献上传国玉玺,向刘邦投降。有人建议杀掉子婴,刘邦却说:"当初,楚怀王派我入关,是相信我能宽厚待人,现在子婴已经投降,再杀他不妥。"

刘邦进入咸阳后,颇以关中王自居,天天在秦王宫殿里享受财宝和美女。经过谋臣张良规劝,刘邦才幡然醒悟，立即命人将秦宫财物封存，然后回到霸上（今西安市东部）驻扎，又与关中各县百姓"约法三章"，规定杀人的要被处死，伤人和盗窃的也要被判罪，其他法律全部废除。

关中百姓一听，无不欢呼雀跃，刘邦迅速获得了民众的支持。而这时，刘邦最担心的事情发生了——项羽的军队即将抵达。

项羽是项梁的侄子，率军歼灭秦军主力后，成为起义军的首领。项羽得知刘邦率先进入关中，勃然大怒，便领军西进，要杀掉刘邦，夺取关中。刘邦考虑到自己的实力远不如项羽，于是立即向他谢罪，项羽得以进入咸阳，自称"西楚霸王"。

项羽在咸阳烧杀掳掠，分封各路义军首领，将刘邦封为汉王，让他去守巴蜀（今四川省中东部）、汉中（今汉中市）地区，并且将关中一分为三，企图以此控制关中，防止刘邦东进。

刘邦十分生气，准备反抗。经过谋臣再三规劝，他才带着将士们前往汉中，并故意烧毁栈道，表示不再东出，以麻痹项羽。

经过积极准备，刘邦身边聚集了很多能人贤士。公元前205年，刘邦以项羽杀害楚怀王为由，历数项羽十大罪

汉书·高帝纪

责,拜韩信为大将军,进攻关中,自此拉开了楚汉之争的序幕。无奈项羽的实力很强大,打了几年,双方互有胜负,伤亡也不小。

刘邦写信给项羽,说:"咱们打仗打了七十多次,都死伤不少,老百姓也叫苦连天,不如以鸿沟为界,西归汉,东归楚,各守疆土吧。"项羽自知缺少盟友和军粮,也无心恋战,便答应了。

这时,谋臣张良急忙跑来说:"楚河汉界只能是缓兵之计,大王要统一天下,不能就这么回去。要消灭项羽,现在正是时候。"刘邦采纳了他的建议,下令全力追击楚军。

公元前202年,汉兵将项羽合围于垓(gāi)下(今宿州市灵璧县境内),项羽自刎身亡。同年,刘邦称帝,建立汉朝,是为汉高祖。

刘邦登基后,沿用了秦朝的中央集权制度,同时在地方采取郡县制与分封制并行的政策,奠定了大汉王朝此后数十年的均衡态势。

公元前195年,刘邦在讨伐叛乱时被流箭射伤,病重去世。

刘邦是我国历史上第一位由平民登上帝位的皇帝,开创了西汉王朝。他豁达的心胸奠定了汉朝雍容大度的文化基因，他高瞻远瞩的安排部署奠定了大汉帝国强盛的制度基础。

经典原文与译文

【原文】上曰："公知其一，未知其二。夫运筹帷幄之中，决胜千里之外，吾不如子房；镇国家，抚百姓，给饷馈，不绝粮道，吾不如萧何；连百万之众，战必胜，攻必取，吾不如韩信。三者皆人杰，吾能用之，此吾所以取天下者也。项羽有一范增而不能用，此所以为我禽也。"群臣说服。——摘自《汉书·卷一下》

【译文】汉高祖说："各位只知其一，不知其二。若论运筹于帷幄，决胜于千里，我不如张良；若论镇守国家，治理百姓，供给粮饷，保障粮道通畅，我不如萧何；若论指挥百万之师，战无不胜，攻无不克，我不如韩信。他们三位都是人中豪杰，而我却能充分发挥他们的才干，这才是我能夺取天下的原因。项羽有一个贤才范增，却不重用，所以才被我打败。"群臣听后心悦诚服。

词语积累

约法三章：指刘邦与关中百姓约定的三条法律。后泛指订立共同遵守的简要条款。

筑坛拜将：坛，举行祭祀、誓师典礼时使用的土台或石台。指仰仗贤能之才。

一败涂地：涂地，肝脑涂地。一旦失败，就会很惨。形容失败到无法收拾的地步。

项庄舞剑，意在沛公：项庄席间舞剑，企图刺杀刘邦。比喻说话和行动的真实意图别有所指。

明修栈道，暗度陈仓：栈道，在悬崖峭壁上凿孔支架，铺上木板，作为行军运粮的通道；陈仓，古代县名，今宝鸡市陈仓区，是汉中通往关中的咽喉要地。比喻用假象迷惑敌人以达到某种目的。

高后纪

> 吕雉（zhì）（？—公元前180年），字娥姁（xū），砀（dàng）郡单（shàn）父县（今菏泽市单县）人，汉高祖之妻，史称吕后、汉高后、吕太后。与高祖共定天下，临朝称制十六年，是我国历史上有记载的第一位皇后和皇太后。

● 大汉第一太后

当初，汉高祖还在沛县时，沛县县令有个好友叫吕公。吕公举家搬迁到沛县，当地人听说后前去祝贺。

按照习俗，凑份钱不满一千钱的，不能入上座。高祖刚刚当上亭长，看不惯这些人，就在红包上写了"贺钱一万"，但其实是个空包。

吕公一看这么大的厚礼，赶紧亲自出来迎接，一看高祖仪表轩昂，气度不凡，急忙引入上座。等到散席，吕公拉住高祖说："我年轻时研究过相学，看过许多人，都不如你的面相富贵。我有一个女儿，想嫁与你为妻。"

高祖走后，吕公的妻子埋怨说："你往日总说女儿有福相，将来一定会嫁给大贵之人，县令与你交好，几次想娶女儿你都不肯，现在为什么这么随便地就许配给刘邦了？"吕公笑笑说："这不是你们妇道人家所能知道的！"

最后，吕公真的把女儿嫁给了高祖，这个女儿就是吕雉。高祖称帝后，封吕雉为皇后。

高祖和吕雉只有一个儿子，就是刘盈，高祖登基后便立刘盈为太子。后来，高祖宠爱戚夫人，喜欢戚夫人的儿子赵王刘如意，便动了废太子的心思。大臣们纷纷反对，高祖迟迟下不了决心。

吕雉知道这件事情后，急忙找到谋臣张良想办法。张良说有四位老者，高祖一直特别敬重，曾几次三番派人去请都请不来，如果能把他们请来辅佐太子，太子的地位就稳固了。

有一天，高祖瞧见四位老者围在太子身边，好奇地问他们是谁，四位老者一一报上姓名，高祖听后大吃一惊，说道："我几次派人去请，你们都不肯来，为什么现在肯来侍奉太子呢？"他们说："我们听说太子仁爱，虚心好学，天下人都愿意为他出力，所以我们也愿意陪在太子身边。"

高祖听了这话,知道太子已深得民心,便断了废太子的念头。

公元前195年,高祖征讨叛臣时受伤,随后伤重去世,刘盈继位,是为汉惠帝,尊吕雉为皇太后。惠帝生性软弱,因此与吕太后共掌朝政。在后来的人事任命上,吕太后都按照高祖临终前所说的来安排。

吕太后处理国事十分老练。高祖时,汉朝与北方游牧

▼ 吕太后临朝称制

民族匈奴采取和亲政策，一直相安无事。吕太后掌权后，匈奴就开始不安分。

一次，匈奴统治者冒顿（mò dú）单于写了一封信给吕太后，说："如今我一个人，你也是一个人，我们都是这么孤独，不如各取所需，这不是两全其美吗！"语气十分狂傲。

吕太后非常生气，但她明白此时的汉朝百废待兴，国力尚弱，根本不足以对抗匈奴，于是客客气气地回信说："我已经年老色衰，牙齿都掉光了，走路也走不稳，实在是配不上大单于呀！"回信后还送了大量的财物。

冒顿单于看到回信，觉得很羞愧，又很佩服吕太后，回信表示感谢，称愿意与大汉和亲。就这样，吕太后为汉朝赢得了休养生息的机会。

惠帝去世后，吕太后册立惠帝的庶长子为帝，自己临朝称制，执掌朝政。她担心大臣们不服，开始大封吕氏家族，将自己的兄弟、子侄以及其他吕姓亲属分别封王封侯，开启了汉朝外戚专权的先河。

公元前180年，吕太后去世，吕氏一族掌握军政大权。他们自知违背了高祖当初定下的"非刘姓宗族不能封王"的规定，害怕被问责，便阴谋作乱。

刘氏宗室朱虚侯刘章事先知道了阴谋，便联合刘氏一族在外面发难,其他大臣在朝内策应,一举除掉了吕氏一族。自此,吕氏外戚集团覆灭。

吕太后是我国历史上第一位临朝称制的女性,后人把她与唐朝女皇武则天合称为"吕武",其历史地位可见一斑。

经典原文与译文

【原文】四年夏,少帝自知非皇后子,出怨言,皇太后幽之永巷。诏曰:"凡有天下治万民者,盖之如天,容之如地;上有欢心以使百姓,百姓欣然以事其上,欢欣交通而天下治。今皇帝疾久不已,乃失惑昏乱,不能继嗣奉宗庙,守祭祀,不可属天下。其议代之。"群臣皆曰:"皇太后为天下计,所以安宗庙社稷甚深。顿首奉诏。"——摘自《汉书·卷三》

【译文】汉高后四年夏天,汉少帝知道自己不是皇后亲生的儿子,口出怨言,皇太后把他软禁在永巷之中。下诏说:"凡是统治天下、治理万民的人,应该像上天那样覆盖万物,像大地那样包容万物;皇上从爱护百姓出发治理百姓,百姓才能愉快地侍奉皇上,彼此欢喜而天下大治。

汉书·高后纪

当今皇帝长期生病、不能痊愈，甚至失去理智、昏庸无道，不能继承大统、奉祀宗庙、镇守社稷，不能将天下托付给他。请众臣商议替代他的人。"群臣都说："皇太后为天下人打算，是为了更好地安定宗庙、社稷。臣等磕头听命。"

词语积累

临朝称制：朝，朝堂；制，皇帝的命令。由皇后、皇太后或太皇太后等女性在朝堂代替皇帝行使权力。

处心积虑：处心，存心；积虑，长时间的考虑。指千方百计地盘算某事，多为贬义。

文帝纪

> 刘恒(公元前203—公元前157年),汉朝第五任皇帝。死后谥号孝文皇帝。

乱局登基,勤俭治国

刘恒是汉高祖的第四个儿子。公元前196年,高祖亲征代地(今河北省西北部、山西省东北部),成功平叛后便封了刘恒为代王。刘恒在代国发展经济、休养生息,逐渐积累了治理经验和良好的名望。同时,他养成了谨慎、稳重的性格,远离朝堂,没有被卷入政治斗争。

吕太后去世后,掌管军事的太尉周勃、丞相陈平等人携手诛灭了吕氏一族。群臣认为当时在位的小皇帝不是汉惠帝的亲儿子,不符合皇位继承法统;而吕太后在位期间,先后杀了四位高祖的儿子,众人就商议决定迎立远离朝政、名声尚佳的刘恒为帝,并派使者迎接他回

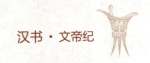

京城长安(今西安市)。

刘恒虽然久居代地,但也清楚京城内的尔虞我诈,因此心怀疑虑,只带了六名随从出发。走到高祖陵墓时停了下来,刘恒派亲信宋昌前去查看。宋昌到了长安附近的渭桥,看到丞相以下的官员全都出来迎接,于是回来报告刘恒,刘恒才继续前进。到渭桥后,群臣拜见刘恒,刘恒也谦逊回礼。这时,周勃说有事想单独启奏,宋昌说:"如果奏报的是公事,请当着众臣的面说,如果是私事,王者没有私事。"周勃便拿出天子玉玺献给刘恒,刘恒不肯接受。

到了馆舍住下后,群臣跪请刘恒继位,刘恒推让数次,最后陈平说:"我们衷心认为大王是最适合继承大统的人选,臣等为宗庙社稷考虑,不敢怠慢,希望大王不要再推辞。"刘恒说:"既然大家都认为我是合适的皇位继承人,那我就不敢再推辞了。"公元前180年,刘恒继位,是为汉文帝。

文帝一直在地方做藩王,因此非常重视民间疾苦。他认为农业是天下的根本,经常下诏劝老百姓多种粮食,还亲自带着群臣农耕,给大家做榜样。百姓生活越来越富足,国力开始强盛。

这时,诸侯王与周边少数民族开始蠢蠢欲动。文帝一方面坚决镇压了公开造反的两位诸侯王,另一方面则尽量

采取怀柔之策,维持政局稳定。南越王赵佗(tuó)自立为帝,与汉朝对抗。文帝给他写了一封很谦卑的长信,说:"我是高皇帝一个偏房的儿子,在代地守卫边疆,见识不多,天资愚钝,所以一直没有机会与你通信。后来我继位,听说你一直在寻找亲兄弟,并要求把攻打南越的两个将军免职,我都照办了,还派人修缮(shàn)了你先人的坟墓。前些时候,听说你攻打汉朝,如果我也出兵,受苦的只能是两国百姓,有什么意义呢?我得了南越的土地,也大不了多少,我得了你的财富,也富不了多少,所以还是你自己治理吧。希望我们能继续保持互相来往,和平交往。"赵佗接到信,被文帝的谦逊感动,马上谢罪称臣。

　　文帝一生出了名的节俭。有一回,地方大臣进献了一匹千里马,文帝说:"我出行的时候,前有旗车,后有属车,巡游每天也不过几十里,要千里马干什么?"把马退回去,并下诏不许官民进献任何礼物。还有一次,文帝想建造一座露台,找来工匠估算,需要花费一百金,连忙说:"一百金相当于中等人家十户的产业了。"于是作罢。

　　公元前157年,文帝病逝,留下遗嘱说厚葬太浪费钱财,于民生不利,哀悼的时间也没必要长久,三天就可以了,国丧期间不要禁止举行嫁娶、祭祀的饮酒吃肉等,不要用布帛来铺盖灵车,也不要派羽林军护灵,更不要让百姓到宫殿哭灵，陪葬品也不要使用金银而用瓦器，可谓节俭到了极致。

正是由于文帝重视生产，勤俭治国，为汉朝初期的发展打下了很好的基础，于是出现了后来的"文景之治"。

经典原文与译文

【原文】群臣皆伏，固请。代王西乡让者三，南乡让者再。丞相平等皆曰："臣伏计之，大王奉高祖宗庙最宜称，虽天下诸侯万民皆以为宜。臣等为宗庙、社稷计，不敢忽。愿大王幸听臣等。臣谨奉天子玺、符再拜上。"代王曰："宗室、将、相、王、列侯以为莫宜寡人，寡人不敢辞。"遂即天子位。——摘自《汉书·卷四》

【译文】群臣都伏在地上，坚决请求代王登基。代王刘恒向西辞让了三次，向南辞让了两次。丞相陈平等人都说："臣等伏地考虑此事，大王继承高皇帝大统最合适，即便是天下诸侯和万民也都认为合适。臣等为宗庙、社稷考虑，不敢怠慢，希望大王如愿地听从臣等的请求。臣恭敬地将天子玉玺、符节两次跪拜呈上。"代王说："既然

汉书·文帝纪

宗室、丞相、将军、诸王、列侯都认为寡人合适，寡人不敢推辞。"于是即帝位。

亲尝汤药：汤药，用水煎服的中药。汉文帝的母亲生病三年，服用的汤药，汉文帝都要亲自尝过以后才给母亲喝下。后世将这个故事奉为孝道的典范。

露台之产：露台，露天的台榭。修建露天的台榭所需要的钱。指百金之资或者为数不小的钱财。

躬身菲薄：躬，亲身；菲薄，微薄。指亲身实行俭约。

不名一钱：名，占有。没有一文钱。形容非常贫穷。

贤良方正：贤良，才能德行好；方正，正直。汉文帝时一种举荐后备官员的制度。也指德才兼备的人才。

景帝纪

> 刘启（公元前188—公元前141年），汉朝第六任皇帝。死后谥号孝景皇帝。

● "文景之治"与"七国之乱"

公元前157年，汉文帝去世，太子刘启继位，是为汉景帝。景帝从小受父亲耳濡目染的影响，很想做个好皇帝，决心把天下治理好。

景帝的治国方法基本遵循了文帝与民休息、轻徭薄赋的政策，继位第一年便宣布将田租税率由十五分之一改为三十分之一，从此成为汉朝的定制。

景帝看到有些地方的土地十分贫瘠，而有些地方土地肥沃却没人开发，便下诏鼓励百姓移民，以发展生产。他还两次下令禁止用谷物酿酒，禁止用粟米喂马，以保障农业生产。

文帝曾经废除了肉刑，改为打板子，虽然减轻了刑罚，但仍然有很多人被打死，这些家属跑来喊冤道："明明没有犯死罪，为什么反而被打死了呢？"

景帝觉得确实不应该这样，于是下令将原来打五百次的改为打三百次，打三百次的改为打两百次，又规定只准打屁股，不能打别的部位。这么一来，被打死的人大大减少了。

在景帝的治理下，汉朝的国力进一步增强，百姓生活逐渐富裕，呈现出一派繁荣景象。后世将景帝与文帝时期并称"文景之治"。"文景之治"为汉武帝开创西汉盛世奠定了坚实的基础。

汉朝从高祖开始，在地方上采取郡县制与封建制并行的政策，分封了一批刘姓诸侯王。诸侯们可以在封地内任命官员、铸造钱币。

经过几十年的休养生息，诸侯们的实力也得到了很大增长，越来越骄奢，不满足于现在的地位，便组建军队，招募死士，形成了地方割据势力。诸侯们的行为不仅严重威胁了中央集权，而且他们在地方上胡作非为，违法乱纪，导致社会一片混乱。到汉景帝时，这个问题越来越严重，已成为不得不解决的问题。

景帝的大臣晁（cháo）错提议削藩，景帝让他主持削藩事宜。朝廷的削藩诏令刚刚颁发，实力最强的吴王刘濞

(bì）立即杀掉朝廷任命的官员，打着"诛晁错、清君侧"的旗号，联合其他六位诸侯王举兵叛乱，史称"七国之乱"。

叛军来势汹汹，景帝急忙召集群臣商议对策，大臣们也都束手无策。这时，景帝想起文帝临终前曾说："将来国内要是发生叛乱，可以拜周亚夫为将军。"

于是景帝赶紧召见周亚夫，拜他为太尉，命他指挥全国的军队，与大将窦婴一起平叛。在周亚夫和窦婴的努力下，仅用了三个月就平定了七国叛军。

刘濞兵败被杀，其他几个诸侯王也都畏罪自杀。后来，景帝下诏说："刘濞等人作乱，欺骗官吏百姓，如今刘濞已死，凡是受到蒙蔽的以及逃亡的人均不予追究。"他继续让七国的后人继承王位，但规定只能在封地内征收租税，不准干预地方行政。诸侯国的势力被大大削弱，中央集权得到加强。

景帝时期，国家经济持续发展，对文教事业也渐渐重视，对各种思想流派不再严厉禁止。汉初时流行黄老学派，主张无为而治，景帝虽然也提倡黄老，但也允许包括儒家在内的学派存在，这为汉武帝大行推崇儒术奠定了基础。

景帝的弟弟梁王刘武，在平定"七国之乱"时立下大功。有一次，景帝与弟弟喝酒，酒酣之际，戏称自己死后，

▼汉景帝拜周亚夫为将

传位给他。景帝的母亲窦太后也宠爱小儿子,希望刘武留在身边,极力支持刘武当皇帝。

景帝酒醒之后,后悔此事,很快册立宠爱的栗姬所生的儿子刘荣为太子。栗姬得罪了景帝的姐姐长公主刘嫖(piāo),刘嫖日夜在景帝面前说栗姬母子的坏话。

景帝好几次试探栗姬,发现她心胸狭窄,担心出现汉朝开国初吕后专权、诛杀刘氏宗亲的局面,便废掉刘荣,改立刘彻为太子。

公元前141年,景帝病逝。文帝与景帝父子二人的统治使社会安定,百姓富足,大家都称赞"文景之治"是美好的盛世。

经典原文与译文

【原文】诏曰:"间者岁比不登,民多乏食,夭绝天年,朕甚痛之。郡国或硗(qiāo)狭,无所农桑系畜;或地饶广,荐草莽,水泉利,而不得徙。其议民欲徙宽大地者,听之。"——摘自《汉书·卷五》

【译文】景帝下诏说:"近来粮食连年歉收,很多

汉书·景帝纪

百姓没有饭吃，甚至有人饿死，朕感到十分痛心。有些地方贫瘠，不长一毛，无法农耕、种桑、养家畜；有些地方土地肥沃广阔，草木丰盛，水利条件好，却无法迁徙过去。那些鼓励百姓迁徙到土地广阔而肥沃的地方的想法，应听从。"

词语积累

文景之治：汉文帝、汉景帝统治时期出现的治世。

安如泰山：安，安稳。像泰山一样稳固，不可动摇。

死灰复燃：死灰，燃烧后的灰烬。指熄灭了的火灰，又重新燃烧起来。原比喻失势的人重新得势，现比喻已经消失了的恶势力又重新活动。

相提并论：相提，相对照；并，齐。把不同的人或事放在一起谈论或看待。

武帝纪

> 刘彻（公元前156—公元前87年），汉景帝之子，汉朝第七任皇帝，杰出的政治家、战略家。死后谥号孝武皇帝。

🉑 开创西汉盛世的大帝

刘彻的母亲王美人怀孕时梦见太阳进入怀里，汉景帝认为这是吉兆，不久刘彻出生。公元前153年，景帝立栗姬的儿子刘荣为太子，立四岁的刘彻为胶东王。

刘彻的姑母长公主刘嫖（piāo）想把女儿陈阿娇嫁给刘荣，被栗姬拒绝，刘嫖很生气。王美人得知了消息，主动讨好刘嫖，想让刘彻娶陈阿娇为妻。一天，刘彻到刘嫖府上玩，刘嫖指着旁边一群侍女说："她们当中有人能做你的妻子吗？"刘彻说："不要！"刘嫖又指着陈阿娇问他，刘彻笑着说道："如果能娶到阿娇，我就造一座金屋给她住！"刘嫖高兴极了，频频向景帝说刘彻母子的好话，不断诋毁栗姬。

几年后，景帝立王美人为皇后，废除刘荣的太子之位，改立七岁的刘彻为太子。公元前141年，景帝驾崩，刘彻继位，是为汉武帝，时年十六岁。

武帝登基时，祖母窦氏的影响力很大，他没有根基，于是事事奏请窦太后。武帝踌躇满志，重用儒家学者，但窦太后信奉黄老之学，频频干预官员的任免，武帝只好韬光养晦。

几年后，窦太后去世，武帝正式掌权，大举贤良入京。儒生董仲舒提出"天人感应""大一统""罢黜百家，独尊儒术"的思想，正应合了武帝的雄心壮志，于是对他的理论十分推崇。从此，儒学成为我国的正统思想，持续了两千多年。

武帝在用人上大胆打破常规。以前，朝廷只重用功臣和外戚，武帝打破了"非列侯不得为相"的惯例，大力发展"察举制"，不论出身王侯抑或微贱，开启了"先拜相再封侯"的先河。武帝发布诏书说，一般要建立非同寻常的功业，必须要用非同寻常的人才，这种用人之道使一批贤士迅速脱颖而出。

汉朝经过六七十年的休养生息，国力富足，武帝对经常骚扰边境的匈奴失去了耐心。一次，他问大臣："我曾

将美女珠宝赠予匈奴单于,但他们仍然傲慢无礼,经常骚扰。我想发兵征讨,大家觉得怎么样?"

有人献计利诱匈奴单于,而后设伏掩杀。这个计策被匈奴察觉,从此与汉朝断绝了和亲。武帝断然放弃和亲之策,大胆起用卫青、霍去病等将领,在十年内多次发动对匈奴的战争,不断收复失地,汉朝终于掌握了主动权。公元前119年,卫青、霍去病再次率兵深入漠北(今内蒙古自治区戈壁以北地区),直捣匈奴单于的王庭。匈奴大败,元气大伤,远逃塞外,大汉的边境得到了扩大和稳固。

匈奴的战事告一段落后,武帝派人出使南越国,说服南越王臣服汉朝,南越国的丞相不愿意。武帝派出三路大军,最终消灭了南越国,汉朝的疆土进一步扩大。

武帝派张骞(qiān)两次出使西域,跟大月氏(zhī)、乌孙、大宛(yuān)等几十个国家建立了友好关系,使他们脱离了匈奴的控制,打通了商道。此后,汉朝和西域来回运送商品,尤其是汉朝的丝织品,促进了文化交流。这条路被称为"丝路"。

武帝统治时期,汉朝的政治、经济、思想、文化等领域都有了长足发展,国力强盛。但因为长年征战,好不容易积攒起来的国库日渐空虚,加重了人民的负担。武帝晚年,有人提议招募百姓去轮台(今新疆维吾尔自治区轮台县）开荒，武帝发布诏书，说这是加重人民的负担，细数之前的很多政令都是劳民伤财，感到痛心不已。这道诏书以后，武帝不再兴兵，想尽办法安定百姓。

武帝早年册立长子刘据为太子，刘据性格仁厚，经常劝谏他不要穷兵黩（dú）武。武帝不高兴，父子之间产生了隔阂。到了晚年，武帝多病多疑，有人诬告刘据谋反，刘据无法自证清白，带领宫中卫队诛杀了诬告者。武帝派兵镇压，刘据自杀身亡。不久，武帝醒悟，将曾经反对太子的官员全部清洗。

此时，武帝身边最小的儿子刘弗陵成为唯一的太子人选。为了防止后宫干政，武帝处死刘弗陵的生母，安排好四位辅政大臣后，于公元前87年驾崩。

武帝的雄才大略，文治武功，在后世评价很高。

经典原文与译文

【原文】诏曰："盖有非常之功，必待非常之人，故马或奔踶（dì）而致千里，士或有负俗之累而立功名。夫泛驾之马，跅（tuò）驰之士，亦在御之而已。其令州、郡察吏、民有茂材异等可为将、相及使绝国者。"——摘自《汉书·卷六》

汉书·武帝纪

【译文】汉武帝下诏说："一般要建立非常的功业，必须用非同寻常的人才，所以有的马奔跑踢人却能日行千里，有的人遭到世俗讥讽却能建功立业。那些不受驾驭的马，行为放荡不受约束的人，也在于如何驾驭他们罢了。朕下令各州各郡都要考察官吏和百姓当中有优秀才能、超群出众，能够担任大将、宰相以及出使远国的人。"

词语积累

金屋藏娇：娇，汉武帝的表姐陈阿娇。汉武帝幼年曾说若娶得阿娇，就建一座金屋让她居住。后来多比喻娶妻。

秦皇汉武：秦始皇和汉武帝。比喻非常有能力的统治者。

穷兵黩武：黩，轻率。动用所有兵力，肆意发动战争。

后来居上：居，处在。原意指用人不当，资历浅的人反而在资格老的人之上。多称赞后来的人或物超过了先前的。

韩信传

> 韩信（？—公元前196年），东海郡淮阴县（今江苏省淮安市）人，西汉开国功臣，"汉初三杰"之一，著名军事家、名将。

功高震主的无双国士

韩信出身平民，家里很穷，性格放纵，读过一些书，文武都在行，就是没有挣钱的本事，只能依附别人生活。

有一次，韩信在河边钓鱼，有位洗衣的老妇人看到他饥饿难耐，给了他一些吃的，一连几十天都如此。

韩信很感动，他说："以后我一定报答你老人家。"老妇人说："大丈夫连自己都养不活，我是同情你，难道是为了报答吗？"

当地有个屠夫因为韩信穷，看不起他，说他虽然长得又高又壮，每天佩着剑，其实是个胆小鬼。

有一次，屠夫当众拦住韩信说："你要是不怕死，就用剑刺我；你要是怕死，就从我的胯下钻过去。"韩信想了想，趴下身子从他胯下钻过。从那以后，大家更加讥笑他。

秦末农民起义爆发之后，韩信投奔楚霸王项羽，好几次献计，项羽都没有重视。后来，韩信又投奔汉高祖。在汉军中，韩信一直默默无闻，有一次还因为触犯了法令要被处决。

正要行刑时，韩信仰天长叹道："汉王不是想一统天下吗？为什么要杀掉壮士呢？"有位将领听见了这番话，看他相貌不凡，就释放了他。

不久，韩信认识了高祖的谋臣萧何。交谈几次后，萧何十分震惊，认为韩信才智难得，向高祖举荐他，高祖一直没有答应。

高祖离开咸阳（今咸阳市）前往汉中（今汉中市）的路上，几十个将领逃跑，韩信见萧何没来找自己，认为高祖不会重用自己，于是也跑了。萧何知道后，来不及报告高祖，急忙骑马去追，追了两天才追回来。

高祖以为萧何逃跑了，质问他，萧何说："大王如果只想当汉王，韩信确实没什么用处，如果大王想夺取天下，韩信是国士无双啊！"高祖这才听从建议，找了一个吉日，设坛摆宴，拜韩信为大将。

拜将之后，高祖问韩信说："萧何多次称赞将军，请问有什么安邦定国的良策吗？"韩信说："大王的兵力与项羽比怎么样？"高祖沉默片刻，说："不如项羽。"韩信说："的确，臣也这么认为。但是项羽虽然勇猛，对属下不能委以重任，只是匹夫之勇。表面待人亲和，当属下有功时不舍得赏赐，这是妇人之仁。项羽所到之处，生灵涂炭，名为霸主，早就失去了民心。根据当初的约定，大王先入函谷关（今河南省三门峡市境内），秋毫无犯，在百姓心里，你才是关中王啊。大王起兵向东，只需一封文书就能收复三秦（今陕西省中部）！"

高祖大喜，采用韩信的计策，明修栈道，暗度陈仓，成功平定了三秦。

楚汉战争爆发后，汉高祖在彭城（今徐州市）之战中被项羽打败，诸侯们纷纷叛逃，韩信收集败兵，与高祖在荥（xíng）阳（今河南省荥阳市）会合。接着平定了魏国，趁机提出"北灭燕、赵，东击齐国，最后南绝楚国粮道"的战略，高祖采纳。

韩信率军与赵军对峙，赵军谋士建议分兵，从小路切断韩信的粮道，韩信必然大败，赵军主将没有听从建议。韩信得知后，故意让士兵背靠河水排阵，悄悄派轻骑兵绕到赵军背后。

赵军大败，众将都来祝贺，有人问道："兵法上说右靠山陵、左侧面水布阵比较有利，将军背水布兵，反而大胜，这是什么原因呢？"韩信说："兵法也说置之死地而后生，把军队置于绝地，每个人就会为了生存而奋勇作战。"众人听后都十分佩服。

随后，韩信征服了燕国、齐国。征服齐国后，韩信派人对汉高祖说："齐国狡诈多变，不好管理，不如设一个代理王来统治它，臣愿意做这个代理王。"高祖很生气，但还是封他为齐王。

韩信很高兴，觉得高祖信任自己。有人劝韩信说："现在楚、汉的命运都在将军手里，不如哪头也不帮，跟他们三分天下。"韩信摇摇头说："汉王待我这么好，要背叛他，于心何忍呢？"韩信没有听从建议，率军攻灭项羽，帮助高祖夺得天下。

汉朝建立后不久，有人告韩信谋反，汉高祖很忌惮，于是宣称会见各路诸侯。韩信十分犹豫，但最终还是见了高祖，高祖当即把他绑起来，降为淮阴侯。

自此以后，韩信闷闷不乐，到处说大话，傲慢无理。后来，韩信与人串通，想趁高祖兴兵时袭击吕后和太子，最终被识破。萧何将韩信骗入宫中，韩信刚一入宫，便

汉书·韩信传

被吕后斩杀,灭了三族。

韩信的军事才能无与伦比,立下盖世之功,被视为"兵权谋家"的代表人物,但他短于为人处世,居功自傲,最终引来杀身之祸。

经典原文与译文

【原文】上问曰:"如我,能将几何?"信曰:"陛下不过能将十万。"上曰:"如公何如?"曰:"如臣,多多益办耳。"上笑曰:"多多益办,何为为我禽?"信曰:"陛下不能将兵,而善将将,此乃信之为陛下禽也。"
——摘自《汉书·卷三十四》

【译文】汉高祖问:"像我,能带多少兵?"韩信说:"陛下不过能带十万兵。"高祖问:"像你,能带多少兵?"韩信说:"像臣,越多越好。"高祖笑着说:"越多越好,为什么你被我抓住了呢?"韩信说:"陛下不善于带兵,却善于驾驭将领,这就是我被陛下抓住的原因了。"

二十四史马上读，语文历史都进步

胯下之辱：从胯下爬过的耻辱。比喻极大的侮辱。

一饭千金：形容受人点滴之恩而给予厚报。

国士无双：天下独一无二的人才。

背水一战：背水，背后是河水，表示没有退路。背靠河水排兵布阵。指处于绝境中，为谋求出路而决一死战。

功高震主：功，功劳；震，震动。功劳太大，使君主的地位受到威胁而心生忌惮。

鸟尽弓藏：鸟没有了，弓就藏起来不用了。比喻事情成功之后，把曾经出过力的人一脚踢开。

雄才大略：雄才，出众的才能。指杰出的才智和谋略。

汉书·吴王刘濞传

吴王刘濞传

> 刘濞（公元前215—公元前154年），泗水郡丰县（今徐州市丰县）人，西汉诸侯王，"七国之乱"的发起者。

❀ "七国之乱"的祸首

  刘濞是汉高祖的侄子，二十岁跟随高祖征讨淮南王黥（qíng）布。打败黥布后，高祖担心吴地（今江苏省长江以南地区）民风剽（piāo）悍，没有一个勇猛的王来镇服恐怕不行，恰好刘濞剽悍勇猛，便册封他为吴王。

  刘濞受封后，高祖召见他说："看你的相貌有造反之像。大汉建立后五十年，东南方将会有人造反，这个人不会就是你吧？天下同姓都是一家人，希望你要谨言慎行才好！"刘濞吓得急忙磕头说："不敢，不敢！"

  吴国境内有铜矿，刘濞偷偷铸钱，又煮干海水制盐，变得很富足。高祖、吕后统治时期，天下刚刚安定，刘濞还算安分守己。汉文帝登基后，待人宽厚，吴国经过积累，有了一定的实力，刘濞越来越想脱离朝廷的管束。

按照礼制，诸侯王应该入朝觐见皇帝，但刘濞一直不来。后来，刘濞派世子刘贤来到长安（今西安市）。刘贤自幼傲慢无礼，目中无人，他陪同当时还是太子的汉景帝下棋，下着下着起了争执，情急之下，太子拿起棋盘朝刘贤砸过去，把刘贤砸死了。文帝知道后，狠狠地责备了太子，命人把刘贤的尸首入殓好，送回吴国。刘濞非常生气，说："天下同姓既然都是一家，葬在长安就好了，何必非要送回吴国来？"他派人把尸体送回长安。自此以后，刘濞对朝廷产生了怨恨。

吴国一天比一天富足，刘濞也一天比一天傲慢，已有不臣之心。当时，很多大臣都建议文帝出兵讨伐，文帝不忍心施加惩罚，还好言好语安慰刘濞，说他年纪大了，行动不便，可以不必入朝。刘濞更加骄横。

等到景帝继位，诸侯王的势力越来越强大，御史大夫晁错提议削藩。刘濞早有谋反之心，正发愁找不到理由，听说晁错要削藩，马上提出"诛晁错、清君侧"的口号，派使者游说各位诸侯王说："这次朝廷的目的恐怕不只要削地，吴王与各位有同样的忧患，希望能彼此联合，共谋大计。"于是，刘濞与楚国、赵国、胶西国、胶东国、菑（zī）

▲ 刘濞发动"七国之乱"

川国、济南国结成了联盟。

　　公元前154年,刘濞下令全国说:"我今年六十二岁,还亲自挂帅,我的小儿子才十四岁,也冲在前头。所以但凡年龄在十四岁到六十二岁之间的百姓,都要应征入伍!"由此募集了二十万军队,率先起兵造反,"七国之乱"正式爆发。

　　刚起兵时,刘濞的大将军建议兵分两路,以便互相策应,但刘濞的儿子不同意,刘濞便没有听从。后来,又有年轻的将领提议,吴国以步兵为主,有利于在险地作战,朝廷军队以车骑为主,适合在平原作战,所以吴军不必逐一攻下每座城池,而应该长驱向西,直接占领洛阳(今洛阳市)等地,便能号令天下。但吴国的老将们都摇头反对,说这只是年轻人显露锋芒罢了,刘濞也没有采用。

景帝见七国联合造反,立即派遣太尉周亚夫等人领兵平叛。在周亚夫的指挥下,汉军节节胜利,叛军节节败退,几个造反的诸侯王相继自杀。刘濞兵败,逃往东越国,东越王接到周亚夫的信,杀了刘濞。七国叛乱持续了三个月就被平定。

"七国之乱"是汉朝地方割据势力与中央集权之间矛盾的一次大爆发,以地方割据势力彻底失败而结束。从此,汉朝的中央集权得到巩固,国家统一得到加强,为汉武帝展开对匈奴的战争奠定了基础。

经典原文与译文

【原文】博争道,不恭,皇太子引博局提(dǐ)吴太子,杀之。于是遣其丧归葬吴。吴王愠(yùn)曰:"天下一宗,死长安即葬长安,何必来葬!"复遣丧之长安葬。吴王由是怨望,稍失藩臣礼,称疾不朝。——摘自《汉书·卷三十五》

汉书·吴王刘濞传

【译文】吴国太子刘贤与皇太子刘启下棋时发生争执，刘贤对皇太子不恭敬，皇太子举起棋盘向刘贤投掷过去，意外打死了他。于是朝廷派遣使者把刘贤的尸体送回吴国安葬。吴王刘濞生气地说："天下刘姓是一家，死在长安就葬在长安，何必送回来安葬！"于是派人把刘贤的尸体送回长安。刘濞从此对朝廷心怀不满，慢慢不守诸侯王的礼节，声称有病不朝见皇帝。

词语积累

一发千钧：发，头发；钧，古代重量单位，三十斤为一钧。千钧的重量系在一根头发上。比喻情况万分危急。

间不容发：间，空隙。空隙中容不下一根头发。比喻不容有丝毫的误差，也比喻情势异常危急，没有喘息的余地。

铸（zhù）山煮（zhǔ）海：开采山中铜矿以铸造钱币，烧煮海水而获得食盐。比喻善于开发自然资源。

刘向传

> 刘向（公元前77—公元前6年），原名刘更生，字子政，沛郡丰县人，汉朝宗室大臣、文学家。

耿直的目录学鼻祖

刘向是汉室宗亲，十二岁时因为父亲的恩荫担任辇郎，专门给皇帝的车子引路，十八岁当了谏大夫，参与朝廷政事的谋议。

汉宣帝登基后，基本遵循曾祖父汉武帝的制度，招募贤臣到自己身边，刘向获得召见。宣帝听说淮南王有一本炼金子的秘籍，刘向的父亲曾在处理淮南王案时得到过这本书，于是刘向便把此书献给宣帝。宣帝命人照书去炼，却没有成功，就把刘向抓起来，说他铸造假黄金，应该处死。刘向的哥哥用钱替他赎罪，他才逃过一劫。

宣帝去世后，儿子汉元帝继位，刘向受到推举被任用。

当时，宦官石显、弘恭等人与外戚弄权，朝政十分混乱，刘向等人商议上书元帝罢免他们。可是奏本还没呈上去，石显就知道了，便先发制人诬告刘向等人，使他们都被罢官入狱。

不久，出现彗星，元帝有所感悟，释放了刘向等人。石显一直盯着此事，想再次抓住他们的把柄。刘向通过一个远亲给元帝上书说："前些时候，陛下判几位大臣入狱，然后发生了大地震，弘恭称病辞职很久，天象也没什么异常。后来他重新任职，天气又开始阴雨反常，可见天象异常是弘恭等人引发的。应该罢黜弘恭、石显，任用贤能，灾害自然会消除。"石显等人气坏了，怀疑是刘向主使，一查果然是他，刘向因此再次被捕入狱，出狱后十多年也没有被任用。

直到元帝去世，汉成帝登基，石显等人被正法，刘向才被重新任用。有一回，成帝想大耗钱财改建陵墓，刘向上书劝谏说："陛下要改建陵墓，把低洼的地方筑高，挖掘百姓坟墓累计上万座，花费巨大。这样的做法，使死者在地下怀恨，生者也在地上忧愁。百姓有怨气，自然触动天地，进而水旱失调，到时候死亡、流浪的人以十万计。臣既替他们感到忧思，又替他们感到气愤。"他的言辞十分诚恳。成帝看完很感触，但没有听从他的意见。

后来，灾祸渐渐多起来，刘向说："灾祸异象到了这种程度，而且外戚势力日益强盛，再发展下去，一定会危

▼刘向劝谏汉成帝

及刘氏江山。我幸运地身为刘氏宗族,世代蒙受汉朝的皇恩,身为宗室旧臣,连续侍奉三朝天子。皇上因为我是先帝旧臣,每次召见我都对我礼遇有加,如果我不规劝皇上,还有谁去规劝呢?"于是极力劝谏成帝要严密审查军国大事,吸取以往的教训。成帝看后十分感慨,召见刘向,说:"你不要再写了,我会考虑这件事。"

刘向每次被召见,都借机劝谏成帝不要过于重用外戚而疏远皇族。他说:"皇族是国家的枝叶,如果枝叶凋落,就无法庇佑树木,树木也会慢慢枯萎。"后来,成帝多次想对刘向委以重任,但外戚们纷纷反对,因此最终刘向也没能得到升迁。

汉朝经过一百多年的安定繁荣,先秦诸子的学说已经混杂,儒家取得独尊地位后,经学发展势头强劲,分出很多派别,急需整理和总结。

公元前26年,刘向受命主持我国历史上第一次大规模整理群书的工作。他带着儿子刘歆(xīn),逐部书进行整理,每整理完一部,就撰写一篇叙文,简述此书的作者、内容、价值以及校对过程,将叙文汇总成《别录》一书。刘向在《别录》中,将学术性质作为分类标准,确立了比较完善的著录方法,成为目录学的鼻祖,对我国图书分类法和著录法产生了深远的影响。

此外,刘向、刘歆在整理校对诸子百家著作时,注意吸收各家学说的优点，转而为儒学服务。当时的儒学处于独尊地位，刘向的这一做法，间接保存了诸子百家的学说，促进了思想的传承和融合。

刘向在编校图书的过程中，自己也编撰了一批书籍，包括历史故事集《新序》、小说集《说苑》、妇女史《列女传》以及著名国别体史书《战国策》，这些作品均对后世产生了很大的影响。

公元前6年，刘向去世。他为我国文化事业的发展作出了杰出贡献。

经典原文与译文

【原文】时上无继嗣，政由王氏出，灾异浸甚。向雅奇陈汤智谋，与相亲友，独谓汤曰："灾异如此，而外家日盛，其渐必危刘氏。吾幸得同姓末属，累世蒙汉厚恩，身为宗室遗老，历事三主。上以我先帝旧臣，每进见常加优礼，吾而不言，孰当言者？"——摘自《汉书·卷三十六》

【译文】当时汉成帝没有继承人，朝廷大事由外戚王氏把控，灾祸异象越来越多。刘向向来很赞赏陈汤的智谋，与他交情不错，便只与他说："灾祸异象到了这种程度，而且

汉书·刘向传

外戚势力日益强盛,慢慢发展下去,一定会危及刘氏江山。我幸运地身为刘氏宗族,世代蒙受汉朝的皇恩,身为宗室旧臣,连续侍奉三朝天子。皇上因为我是先帝旧臣,每次召见都对我礼遇有加,如果我不规劝皇上,还有谁去规劝呢?"

词语积累

画地作狱:狱,监狱。在地上画一个圈当作监狱。比喻只允许在指定范围内活动。

金石为开:金石,金属和石头,比喻最坚硬的东西。连金石都被打开了。形容真诚便能打动人心;也比喻意志坚定,能克服一切困难。

叶公好龙:叶公,春秋时楚国贵族。叶公经常说自己喜欢龙,结果龙真的来了,他反而被吓跑了。比喻嘴上说喜欢某事物,实际上并不真喜欢,甚至是怕它。

萧何传

> 萧何（？—公元前193年），泗水郡丰县（今徐州市丰县）人，西汉开国功臣，政治家，被封为酂（zàn）侯。

开国第一侯

萧何与汉高祖是同乡，因为思维敏捷、精通法律，在沛县（今徐州市沛县）担任县令的属官。萧何很善于识人，结交了不少好友，其中就包括当时担任亭长的高祖。

一次，高祖要押送一批囚犯去咸阳（今咸阳市）修建秦始皇的陵墓，众人为高祖送行，当时人们都出钱三百，只有萧何出了五百，高祖一直记得此事。

陈胜、吴广起义爆发之后，沛县县令也想起兵响应，找来萧何、曹参等人商量。萧何说："不如找沛县在外面流亡的人，比如刘邦就很有本事，听说他手下还有一班人

马。"县令命人去找高祖。高祖在赶往沛县的路上，碰到萧何和曹参，高祖问："你们怎么到这里来了？"萧何说："县令突然改变主意，怕你抢了他的地位，下令关闭城门，还要杀我们，我们就赶紧逃了出来。"高祖一听，十分恼火，鼓动沛县百姓杀掉县令，被推举为沛公，从此萧何开始跟随高祖打天下。

楚怀王命令高祖、项羽分路进军，约定谁先占领咸阳，谁便为关中王。但楚霸王项羽违背约定，把高祖封为汉王，让他驻守巴蜀和汉中。高祖很生气，想攻打项羽，很多将领也表示愿意跟随。萧何规劝说："虽然当汉王不太好，但总比死强吧？"高祖问："怎么会死呢？"萧何说："咱们现在的兵力不如项羽，只能是百战百败，除了死还有什么结果呢？希望大王能在汉中称王，休养生息，招贤纳士，再平定三秦，而后谋取天下。"高祖听从了规劝。

不久，高祖率军东出，楚汉战争爆发。高祖常年在外带兵打仗，内部事务全部交给萧何管理。萧何制定法规，恢复生产，指导百姓按时耕种，将地方治理得井井有条，运送粮草，征调兵源，为高祖最终杀掉项羽、建立汉朝作出了巨大贡献。

公元前202年，高祖称帝，对功臣论功行赏，认为萧何功劳最大，封他为酂侯，食邑八千户。其他人不服气，说："我们冲锋陷阵，多的经历百余场战事，少的也有几十场，攻战城池，抢夺地盘，战功都不小，萧何没怎么上战场，只是张张嘴、写写字，凭什么在我们之上？"高祖笑了笑说："你们知道打猎吗？追赶野兽，把它们逮住的是猎狗，而指挥猎狗的却是猎人。你们所做的事是夺下城池，功劳相当于猎狗，而萧何所做的事是发号施令，功劳相当于猎人。'功狗'怎么能和'功人'比呢？"众人听了这些话，不再说什么。

诸侯分封完，接着开始排位次。在高祖心里，萧何仍然是第一人选，但众人认为大将曹参跟随高祖南征北战，战功最多，应该排第一。这时有人说："你们说的都不对，曹参虽有战功，但都是短时间的事。陛下与楚霸王对峙的几年里，多次损兵折将，每次都是萧何及时补充了兵源、粮食，这是汉室得以建立的大功劳，怎么能把一时的战功排在大功劳之前呢？"这番话正中高祖心意，于是高祖顺水推舟，把萧何列在第一位。后来又加封两千户，高祖说："这是用来报答当初我去咸阳时，唯独萧何多送两百钱的恩义。"就这样，萧何位列众卿之首，成为西汉开国第一侯，食邑万户，担任丞相。

后来，萧何帮助吕后杀了韩信，高祖又封赏了他。这时，萧何身边的人说:"丞相现在危险了,韩信身经百战,尚且被灭了三族,现在陛下表面上加封你,但恐怕已经不太放心了。"萧何吓了一跳,这人又说:"丞相不如用最低的价钱去买田买房,让人说你贪污,你的威信有亏,陛下才能放心。"萧何觉得有道理,于是照办,高祖果然不再疑心他。

高祖死后,萧何继续辅佐汉惠帝。后来萧何病危,惠帝前去探望,问他谁能接替他,萧何说:"最了解臣子的莫过于皇上啊。"惠帝说:"曹参如何?"萧何说:"皇上找到贤才了,臣死而无憾了。"

公元前193年,萧何去世。萧何参照秦制,废除其中繁复的部分,简化后制定汉律,被后世沿用了两千年。

经典原文与译文

【原文】何病,上亲自临视何疾,因问曰:"君即百岁后,谁可代君?"对曰:"知臣莫如主。"帝曰:"曹参何如?"何顿首曰:"帝得之矣,何死不恨矣!"——摘自《汉书·卷三十九》

【译文】萧何病重,汉惠帝亲自来到他家中探望他,

汉书·萧何传

趁机问道:"你百年之后,谁可以接替你呢?"萧何回答说:"最了解臣子的莫过于皇上啊。"惠帝说:"曹参如何?"萧何磕头说:"皇上找到贤才了,臣死而无憾了!"

萧规曹随:萧何创立了规章制度,曹参做了丞相后照着实行。比喻按照前任的规章制度办事。

成也萧何,败也萧何:韩信成为大将军,是萧何推荐的;韩信被杀,也是萧何出的计策。比喻事情的好坏或成败都是由同一人造成的。

汗马功劳:汗马,马累得出汗。原指在战场上建立战功,后泛指辛勤工作,作出了很大贡献。

发踪指示:踪,踪迹。发现野兽的踪迹,指示猎狗跟踪追捕。比喻在幕后操纵指挥。

张良传

> 张良(？—公元前186年)，字子房，颍川郡城父县(今河南省郏县)人，西汉杰出的谋臣，开国功臣，政治家，被封为留侯。

🟢 运筹帷幄，决胜千里的谋臣

张良的祖父、父亲在韩国接连担任相国，当时张良还小，没有担任官职。韩国被秦国灭亡后，张良拿出全部家财寻找刺客，想刺杀秦始皇，替韩国报仇。

后来，张良找到一个大力士，打造了一个重达一百二十斤的大铁锤，打听到秦始皇巡游的车队要经过一个叫博浪沙(今河南省原阳县境内)的地方，张良让大力士提前埋伏。

等巡游的车队到达，他们发现所有马车都是一个模样，分不清哪一辆是秦始皇的车。最后铁锤击中副车，

汉书·张良传

行刺失败,张良趁乱逃走。

有一天,张良在下邳(pī)县(今江苏省邳州市)的桥头散步,迎面来了一位老者,他走到张良面前,故意把鞋扔到桥下,说道:"年轻人,把鞋捡上来!"

张良一看是个老者,没说什么,下去捡鞋。老者穿上鞋,笑着说:"五天后的黎明,你在这里等我!"说完扬长而去。

张良觉得奇怪,但五天后还是来了,而老者已经先到,生气地说:"为什么来晚了?五天后再来吧!"谁知第二

▼ 张良圯上受书

次张良又比老者晚了。第三次,张良半夜就去等,老者说:"这还差不多。"说完拿出一本书,交给张良就走了。

张良一看,是《太公兵法》,从此日夜研读,成为一个文武兼备、精通韬略的智囊之才。

公元前209年,陈胜、吴广起义反秦,张良也趁机拉起反秦大旗,因为势单力薄,难以自立,只好去投靠别人,走到半路张良遇到汉高祖,二人一见如故。张良多次说起《太公兵法》,高祖非常愿意听从,张良就跟随了高祖。

不久,楚怀王令汉高祖、项羽分路进攻咸阳。有了张良的帮助,高祖的军队所向披靡,一路到达峣(yáo)关(今西安市蓝田县境内),遇到秦军重兵把守。

高祖本想率两万兵马亲征,张良拦住他说:"现在秦兵众多,不能轻举妄动。我们可以派出先遣部队,准备五万人的粮饷,在四周山上插上咱们的军旗,虚张声势。我听说守关的将领是个屠夫的儿子,很爱财,可以找人拿着金银财宝去诱降他。"高祖听从张良的计策,果然顺利拿下峣关。

高祖继续西进,率先占领咸阳。项羽违反约定,封高祖为汉王,让他去管巴蜀地区。高祖实力远不如项羽,只能听从。

出发后不久,张良说:"前面就是栈道,请大王走一段,烧一段。"高祖说:"都烧掉了,不就断了我的归路吗？"张良说："只有烧毁了栈道，才能让项羽放心，否则可能还没到汉中（今汉中市），项羽就派人杀过来了。"高祖便烧毁了栈道，项羽果然放下了戒备，此举为高祖后续积攒实力赢得了时间。

公元前205年，高祖发兵关中（今陕西省中部），楚汉之争正式爆发。不久在彭城（今徐州市）之战中，高祖被项羽打败，只带着几十名骑兵逃到下邑（今宿州市砀山县），几十万大军覆没。

高祖惊魂未定，对群臣说："谁能击败项羽，我就把关东之地给他！谁可以助我一起建功呢？"张良献计说："九江王英布和彭越，都对项羽怀恨在心，这两个人再加上韩信，如果能把他们三人用好，击败项羽指日可待！"正是这个"下邑之谋"，最终扭转了楚汉之争的战局，帮助高祖反败为胜。

第二年，汉军又被楚军围在荥（xíng）阳（今河南省荥阳市），双方久战不决。有谋士建议高祖分封六国的后代收揽人心，高祖大喜，命人去刻印玺。

张良急忙阻止说："这是谁出的馊主意？这么做就别想夺取天下了！"说完，他拿起桌上的筷子，一边比画一边陈述其中的要害，说得句句在理，体现了一位政治家的深谋远虑。高祖听后，恍然大悟，大骂出主意的人差点儿坏了大事。

高祖称帝后分封功臣，他说："张良运筹帷幄、决胜千里，这是天大的功劳。你自己在齐地挑选三万户分封吧。"张良说："臣在下邳和陛下遇见，这是上天把臣托付给陛下。陛下愿意采纳臣的建议，还算有效果，请把留地（今济宁市微山县）赐给臣吧。"高祖就封张良为留侯。

高祖去世后，没过几年张良也去世了。张良为建立汉朝立下了不可磨灭的功劳，被后世尊为"谋圣"。

经典原文与译文

【原文】至下邑，汉王下马踞鞍而问曰："吾欲捐关已东等弃之，谁可与共功者？"良曰："九江王布，楚枭将，与项王有隙，彭越与齐王田荣反梁地，此两人可急使。而汉王之将独韩信可属大事，当一面。即欲捐之，捐之此三人，楚可破也。"——摘自《汉书·卷四十》

【译文】到达下邑，汉王刘邦下马靠着马鞍问张良说："我想让出关东（今函谷关以东地区）之地，谁可以助我一起建功呢？"张良说："九江王英布，是楚国的猛将，与楚霸王项羽不和，彭越和齐王田荣在梁地造

汉书·张良传

反,这两个人在紧急的时候可以利用。而汉王你的众将,只有韩信可以托付大事,独当一面。想要让出关东之地,可以让给这三个人,就能打败楚霸王了。"

词语积累

借箸(zhù)代筹:箸,筷子;筹,筹算。借用筷子来筹划当前的形势。比喻在一旁帮人出主意,筹划事情。

运筹帷幄,决胜千里:帷幄,军用帐幕;千里,战场。在军帐之内作出正确的部署,能获取千里之外战场上的胜利。比喻很有才智,只需做好完善的战略部署,就能让事情成功。

孺子可教:孺子,儿童。指年轻人有培养的潜质。

倒置干戈:干、戈,古代常用的兵器。倒着藏放兵器,表示不再打仗。

周勃传

> 周勃（？—公元前169年），泗水郡丰县人，西汉开国将领、丞相。

◎ 平叛安刘第一人

周勃和汉高祖是同乡，高祖在沛县起兵的时候，周勃毅然投身义军，做了他的护卫随从。

周勃为人朴实敦厚，高祖非常信任他。在反秦战争中，周勃很勇猛，多次立功，跟随高祖攻入关中。

后来，高祖被项羽封为汉王，周勃又跟着去汉中，被封为威武侯，拜任将军。

随后，楚汉之争爆发，周勃屡次立功。高祖打败项羽后，汉军占领了楚地二十二个县，高祖便把钟离县（今安徽省凤阳县）赐给周勃与另外一个将领灌婴，作为共同食邑。

汉书·周勃传

汉朝刚刚建立，天下并不安稳，屡有叛乱发生。燕王臧荼（tú）率先反叛，高祖带着周勃等人前去征讨。周勃率军在驰道上阻击叛军，立功最多，高祖便把绛（jiàng）县（今山西省绛县）八千二百八十户赐给周勃，封他为绛侯。臧荼死后，高祖又封卢绾（wǎn）为新燕王。

后来，韩王信在代地（今山西省北部一带）勾结匈奴人谋反，周勃跟随高祖去平叛。周勃连续击败匈奴军队，接着击败韩王信与匈奴的联军，立功最多，升任太尉，相当于三军总司令。

不久，燕王卢绾也反叛，周勃这时已经担任丞相，率兵前去讨伐，连续击败叛军，俘虏了很多燕国的官员，收复大片土地，功劳又是第一。

等到周勃平叛回来，高祖已经去世，他的儿子汉惠帝登基，吕太后掌权。

吕太后临朝称制，为了稳固地位，对吕氏一族大肆封赏，许多要职都落入吕氏家族手中，跟随高祖平定天下的功臣，权力被架空。

周勃担任太尉，连军营大门都进不去；陈平担任丞相，没有权力处理政务。

公元前180年，吕太后去世，吕氏一族统领控制京城

▲ 周勃削平诸吕

防卫的南军、北军，坚守宫廷不出，密谋造反。刘氏宗族朱虚侯刘章觉得不对劲，找周勃等人商议办法。

周勃打算先控制北军，找到掌管兵符的人说明来意，那人一听，毫不犹豫地交出了兵符。周勃顺利进入军营，对将士们说："拥戴吕氏的，露出你们的右臂，拥戴刘氏的，露出你们的左臂！"将士们纷纷露出左臂，周勃顺利控制了北军，又在陈平、刘章的帮助下，控制了南军。自己带人四处捕杀吕氏一族，诸吕叛乱被平定。

其实，早在高祖病危之时，吕后询问身后之事，高祖就说："周勃虽然不擅长言谈，但为人忠厚，将来安定刘氏天下，非他莫属。"

汉文帝继位，周勃再次担任丞相，被赐黄金五千斤，食邑一万户。

有一次，文帝问周勃："每年全国要审理和判决多少案子？"周勃说："不知道。"文帝又问："每年全国的收入和支出分别是多少呢？"

周勃急得出了一身汗，但还是答不上来。事后，周勃觉得自己不能管好国家大事，便辞去了丞相之职。

周勃晚年回到封地，有人告发他谋反，文帝把此事交给下面的官员审理。周勃身在狱中，被狱吏欺辱，便拿出千金相送，狱吏给他出主意，让他找自己的儿媳妇，也就是文帝的女儿说情,证明自己无罪。

到了紧要关头,周勃又找到薄太后的弟弟,请他帮忙说情,薄太后知道周勃没有谋反,便向文帝求情。

文帝看了供词,便把周勃放了。周勃出狱后感慨地说:"我曾率领百万大军出征作战,却不知道原来狱吏竟然这样尊贵呀!"

公元前169年,周勃去世。他用实际行动,证明了自己对刘氏的忠诚。

经典原文与译文

【原文】文帝即位,以勃为右丞相,赐金五千斤,邑万户。居十余月,人或说勃曰:"君既诛诸吕,立代王,威震天下,而君受厚赏、处尊位以厌之,则祸及身矣!"勃惧,亦自危,乃谢请归相印。上许之。——摘自《汉书·卷四十》

【译文】汉文帝即位,任命周勃担任右丞相,赏赐五千斤金,食邑一万户。周勃任职十余月,有人规劝周勃说:"你诛杀诸吕之后,拥立代王为帝,权势威震天下,而你

汉书·周勃传

已经得到厚赏、官居尊位的回报,那么灾祸马上要降临了!"周勃感到害怕,也自觉有危险,于是谢恩请求归还丞相之印。皇上同意了他的请求。

重厚少文:持重敦厚而缺乏文饰。

汗流浃(jiā)背:浃,湿透。汗水流得满背都是。形容非常恐惧或非常惭愧。也形容出汗很多,湿透了衣服。

怏(yàng)怏不乐:怏怏,不高兴的样子。内心郁闷,很不高兴。

周亚夫传

> 周亚夫（？—公元前143年），泗水郡丰县（今徐州市丰县）人，西汉名将、丞相，太尉周勃的儿子，被封为条侯。

● 平定"七国之乱"的名将

周亚夫是开国功臣周勃的儿子，早年他在地方担任郡守，一位善于看相的老妇人说："你的面相十分尊贵，三年后便可封侯，再过八年定当丞相，但是再过九年，恐怕会被饿死。"周亚夫不以为然。

三年后，周亚夫的哥哥犯了杀人罪，被剥夺侯爵之位。汉文帝考虑周勃立下的功劳，不忍心就此撤掉周家的爵位，下令推举他最优秀的儿子继承爵位，周亚夫获得一致推荐，被封为条侯。

公元前158年，匈奴大举犯境，汉文帝派出三路人马，分别驻守在京城长安（今西安市）附近的三处军事要地灞（bà）上、棘（jí）门、细柳营，以防备侵袭。

文帝觉得将士们辛苦，亲自去慰问。到灞上和棘门时，两营的兵马出来迎接，文帝的车子直接开进营中，文帝离开时，全军出来相送。

文帝来到周亚夫驻守的细柳营，被守卫拦在营门之外。开路的使者说："皇帝来了，都不能进吗？"守卫说："军中只听将军的命令，不听皇帝的命令。"文帝只好派人拿着符节进去通报，周亚夫这才下令开门。

车队正要进去，守卫又说："将军规定，马不能在军营里奔跑。"文帝命人勒紧马绳，缓缓而行。

到达营中，周亚夫已经在等候，他说："披甲的将士不便跪拜，请皇上允许我们以军礼参拜！"

文帝十分感动，不禁感叹道："这才是真正的将军啊！这样严谨治军，哪个敌人敢来侵犯呢！"回去后便给周亚夫升职。

文帝去世后，他的儿子汉景帝继位。公元前154年，"七国之乱"爆发。叛军来势凶猛，景帝束手无策，想起文帝临终之前的嘱托："如果发生紧急变故，可以任命周亚夫统率三军。"于是他任命周亚夫为太尉，指挥全国的军队，率军平叛。

周亚夫平定"七国之乱"

当时，叛军正在猛攻景帝弟弟的封地梁国（今河南省东部、山东省南部），战事十分吃紧。

周亚夫冷静分析局势，认为正面的叛军战力强悍，朝廷的军队打不过，只能绕过梁国，在背后切断他们的粮道，再找机会歼敌。景帝同意了这个方案。

梁国不堪猛攻，多次派人向周亚夫求救，周亚夫不为所动。梁王急得没办法，向景帝求救，景帝下旨周亚夫出兵，周亚夫仍然按兵不动。他一面继续固守，一面派精兵切断了叛军的粮道。

刘濞见梁国久攻不下，自己的粮道又被切断，于是带着军队进攻周亚夫，想要速战速决。刘濞派人几次叫阵，周亚夫坚守不出。

到了晚上，汉军营外喊杀声一片，许多将士以为叛军攻进来了，周亚夫躺在床上，不慌不忙地说："不用害怕，这是敌人虚张声势。不要上当！"过了一会儿，外面果然平静下来。不久，刘濞又想声东击西，再次被周亚夫识破。

经过几番折腾，叛军又累又饿，无力再战，只好撤退。周亚夫抓住机会突然出兵，叛军主力全部被剿灭。周亚夫乘胜追击，收复了被侵占的城池，几位诸侯王相继自杀，刘濞也被人杀死。周亚夫仅用不到三个月的时间，就平定了这场叛乱。

叛乱虽然平定,但周亚夫因此得罪了梁王,梁王不断借机说他的坏话。

战后,景帝很器重周亚夫,提拔他为丞相。不久,景帝想废掉现太子刘荣,周亚夫反对,景帝开始疏远他。

景帝晚年身体不好,太子年幼,而周亚夫享有很高的威望,景帝对他很不放心。

有一次,景帝想试试周亚夫的脾气是不是改了,召他入宫赴宴,故意不放置筷子。

周亚夫很生气,向宫人要筷子,景帝笑着问道:"这还能让你不高兴吗?"周亚夫羞愤不已,很不情愿地下跪谢罪。

景帝刚说"请起",周亚夫便立即起来转身就走。景帝叹息地说:"这样的人怎么能辅佐少主呢?"周亚夫被迫辞去相职,回家养老。

周亚夫年老,他的儿子私自购买了五百副甲盾,准备给他做陪葬品,被人告发谋反。受审时,周亚夫说:"买的只是陪葬品,怎么能说是谋反呢?"审官说:"即使你活着时不想谋反,那也是想死后谋反。"周亚夫十分愤怒,一连五天拒绝吃饭,最后吐血而亡。

周亚夫平定"七国叛乱",彻底扭转了汉初诸侯势力过大的问题，但因为不懂谦恭，性格过于刚直，最终以悲剧收场，实在令人叹息。

经典原文与译文

【原文】于是上使使持节诏将军曰："吾欲劳军。"亚夫乃传言开壁门。壁门士请车骑曰："将军约，军中不得驱驰。"于是天子乃按辔（pèi）徐行。至中营，将军亚夫揖，曰："介胄之士不拜，请以军礼见。"天子为动，改容式车，使人称谢："皇帝敬劳将军。"——摘自《汉书·卷四十》

【译文】于是汉文帝派使者拿着符节传诏将军说："我想慰劳军队。"周亚夫这才传令打开军营之门。营门守卫请求车骑说："将军规定，军营里车马不能奔跑。"于是文帝命人控制住马车，缓缓而行。到达营中，将军周亚夫作揖行礼，说："披甲戴盔的将士不行跪拜礼，请求以军礼参见。"文帝被感动，表情严肃起来，扶着车前横木俯下身去，表示敬意，并派人致意说："皇上尊敬地慰劳将军。"

从天而降：降，下落。比喻出于意外，突然出现。

视同儿戏：儿戏，小孩子做游戏。把事情当作儿童玩游戏那样来对待。比喻不当一回事，很不重视。

柳营试马：柳营，细柳营。比喻带兵的将领纪律严明。

汉书·淮南王刘安传

淮南王刘安传

> 刘安（公元前179—公元前122年），泗水郡丰县人，汉高祖的孙子，西汉著名文学家、思想家。

梦想谋反的淮南王

刘安的父亲刘长是汉高祖的小儿子，十分骄横，汉文帝时就经常不恭敬，文帝仁慈，不与他计较。

刘长变本加厉，企图谋反，罪该处死，文帝不忍这么做，废除他的王号，送到蜀地，刘长走到半路绝食自杀。

文帝很难过，封刘长的四个儿子为侯。后来，文帝又怀念刘长，封他的儿子为王，刘安被封为淮南王。

公元前154年，"七国之乱"爆发，吴王刘濞派使者到淮南国，刘安也想发兵响应。刘安的丞相说："大王如果一定要响应，臣愿意担任主帅。"

刘安便让丞相统领兵马，但丞相一直坚守不出，不听刘安的调遣，反而协助朝廷平叛。"七国之乱"平定后，淮南国得以保全。

刘安喜好文学，安抚百姓，名声很好。汉武帝继位后，常与刘安讨论文学。

有一年，刘安入京朝见武帝。太尉田蚡（fén）对他说："当今皇上没有太子，大王是高祖的亲孙子，天下都知道你的仁德，将来皇上一定会把皇位传给你！"刘安非常高兴。

▼ 刘安编写《淮南子》

刘安的宾客中很多人见风使舵，经常附和刘安，还常常以刘长之死怂恿他。刘安渐渐有了谋反之心。

刘安的小儿子叫刘迁，学了几年剑术便觉得自己天下无敌，恰好有个叫雷被的属官剑术高明，刘迁便找他比试。雷被一直忍让，但刘迁步步紧逼，结果误伤刘迁，于是刘迁对雷被怀恨在心。刘安偏袒自己的儿子，将雷被贬官。

雷被逃到京城长安，向武帝上书表白自己的遭遇。朝廷下令抓捕刘迁，刘安听说后，十分恐惧，就想起兵，但是犹豫了半天，迟迟下不了决心。

这时，朝廷使者告诉刘安，本来很多大臣奏请杀了刘安，只是武帝不忍心，削地以示惩戒。刘安听后，说："我施行仁义反而被削地，真是莫大的耻辱！"刘安的谋反之心更强了。

刘安召集众宾客商量起兵，一个叫伍被的宾客说："皇上刚刚赦免了大王，大王怎么又要起兵呢？况且如今汉朝稳固，民心所向，起兵必定失败。"刘安虽然不服气，也没有好办法，起兵之事暂且搁浅。

刘安的大儿子叫刘不害，因为是庶出，不被喜爱，处处受排挤。刘不害的儿子刘建看不下去，召集一批人准备对付刘迁。

刘迁知道后，抓来刘建严刑拷打。刘建一气之下，跑到武帝那里告发刘安谋反。

刘安觉得事态很严重，找来伍被商量，说："人们常说，只要截断成皋（gāo）关口（今河南省荥阳市境内），天下便不能通行。我如今凭借成皋险关，召集各郡响应，你觉得怎么样？"

伍被说："臣只能看见它的失败，看不到它的成功。"

刘安说："当初陈胜、吴广起义时也只有一千多人，振臂一呼，天下响应，很快发展到一百多万人。现在淮南国也有十几万军队，你为什么认为不会成功呢？"

伍被说："秦朝暴虐无道，民怨四起，现在天下太平，百姓生活安定，大王这样比较，臣认为不恰当。"

刘安仍然坚持要起兵，伍被只好替他出主意：先伪造皇帝的印玺、大臣的官印，然后派人假装获罪，逃出淮南国西入长安，等淮南一起兵就刺杀大将军卫青，两相呼应夺取长安。但计划还未实施便暴露了，伍被向朝廷告发自己与淮南王的密谋，刘安自杀身亡。

刘安在政治上没有什么作为，但他喜好文学，带领众多门客撰写《淮南子》一书。《淮南子》又名《淮南鸿烈》，内容涉及政治、文学、哲学、天文、地理、农田水利、医学养生等多个领域，在道家思想基础上，综合诸子百家学说的精华，是黄老思想的集大成之作，对后世影响很深。

经典原文与译文

【原文】建元六年，彗星见，淮南王心怪之。或说王曰："先吴军时，彗星出，长数尺，然尚流血千里。今彗星竟天，天下兵当大起。"王心以为上无太子，天下有变，诸侯并争，愈益治攻战具，积金钱赂遗（wèi）郡国。游士妄作妖言阿谀王，王喜，多赐予之。——摘自《汉书·卷四十四》

【译文】汉武帝建元六年，彗星出现，淮南王刘安内心觉得奇怪。有人游说他说："之前吴王刘濞起兵，彗星出现，彗尾长好几尺，然而尚且血流千里。如今彗星的长度快和天一样长了，预示着天下将要发生更大的战事。"淮南王心里觉得皇上没有太子，一旦天下发生叛乱，诸侯就会互相争权，于是更多制造攻城的装备，积累钱财贿赂其他郡国。游士们任意捏造假话阿谀奉承他，淮南王高兴，给他们许多赏赐。

淮南鸡犬：淮南王的鸡和狗。比喻投靠别人而得势的人。

鸡犬升天：传说淮南王刘安吃了仙丹成仙后，院子里鸡和狗吃了也都升天了。比喻一个人做了官，与他有关的人都跟着得势。

汉书・贾谊传

贾谊传

> 贾谊（公元前200—公元前168年），河南郡洛阳县（今河南省洛阳市）人，西汉初年著名的政论家、文学家，世称"贾生"，与屈原并称"屈贾"。

● 政论天下的一代名儒

贾谊从小博学多才，师从大儒荀况的学生张苍，十九岁时就凭借善于作文、精通诗书闻名全郡。

河南郡太守吴公听说贾谊有才，把他招到门下，非常器重。在贾谊的协助下，河南郡被治理得井井有条，吴公政绩排名第一。

汉文帝登基后，听说河南郡治理得好，提拔了吴公的官职，吴公又推举了贾谊。贾谊得以进入宫廷，被委以博士之职，负责掌管书籍文典、教授生徒。当时贾谊只有二十二岁，是所有博士中最年轻、最博学的。

文帝经常与博士们议事，其他人都回答不上来，只有贾谊对答如流，见解精辟，获得大家的一致认可。文帝很看重他，一年之内破格提拔了他好几次，让他担任执掌议论的太中大夫。

贾谊上任后，积极向文帝献策。他先是提议进行礼制改革，结合儒学和五行学说，设计了一套全新的礼仪制度，用来替代秦制。文帝考虑到自己登基不久，国力刚兴，不宜大改革，没有采纳。

文帝即位时，汉朝建立二十余年，社会逐渐恢复活力，商业发展，奢靡之风渐兴。贾谊接着呈上《论积贮疏》，主张重农抑商，大力发展农业，加强粮食储备，预备荒年。文帝予以采纳。

后来，贾谊又意识到诸侯长留京城，不利于治理，建议让他们全部就封，文帝很赞同。

文帝见贾谊见识非凡，想让他担任要职，功臣们认为自己跟着高祖打江山才身居高位，一个年纪轻轻的书生，怎么能和自己平起平坐呢？于是一致反对，说道："贾谊年纪这么轻，学识浅薄，一心只想大权独揽，很多事情都是被他搞乱的。"

这样的话听多了，文帝渐渐疏远贾谊，对他的建议也不再采纳，让他给长沙王当老师。

▲ 贾谊谪居长沙

　　贾谊在长沙（今长沙市）一待就是三年。后来，文帝思念贾谊，召他回京。贾谊入朝，文帝刚祭祀完天地，对鬼神之事有所感触，就在未央宫的宣室里询问鬼神之事，贾谊一一讲述。文帝听得很入神，一直到半夜还不觉得累。

　　后来，文帝说："我很久没见贾谊了，以为自己的学识已经超过他了，如今看来，还是没有超过。"

　　贾谊虽然回到长安，但仍没有得到重用，文帝让他给梁怀王当老师。梁怀王是文帝的小儿子，很受宠爱，从小喜欢读书。文帝的这种安排，可以视作对贾谊的重视。

当时，汉朝的北部是强大的匈奴，匈奴频频来犯，再加上国内各项制度不健全，诸侯王常常越权管理，所以社会秩序混乱。

贾谊经过深思熟虑，向文帝献上《治安策》说："臣认真分析国家当前的形势，认为令人痛哭的事有一件，令人流泪的事有两件，令人长叹的事则有六件，至于其他违背事理、伤害正道的事，更是不胜枚举。别人都说国家已经治理好了，臣认为还远远不够。那些说国家安定的人，不是愚蠢就是阿谀奉承，都没有从实际出发。"然后他逐一陈述，说得十分详细。

公元前169年，贾谊陪同梁怀王入朝，怀王不小心坠马而死。怀王死后，因为没有子嗣，按照规定，梁国要被撤销。

贾谊认为梁国的地理位置十分重要，建议不要撤销，文帝予以采纳。"七国之乱"爆发，叛军本想往西直接进攻洛阳，但被梁国阻隔，只好猛攻梁国，梁国有效阻断了叛军的图谋，最终叛军被剿灭。如此来看，贾谊的建议确实深谋远虑。

怀王死后，贾谊深感自责，觉得自己没有照顾好怀王，心情非常忧郁，没多久也去世了，年仅三十三岁。

汉书·贾谊传

贾谊在文学上取得很大的成就，代表作有《陈政事疏》《吊屈原赋》等骚体文，为汉代骚体赋的发展奠定了基础。他的政论文《过秦论》，深刻探讨了秦朝治乱的道理，对后世影响深远。

经典原文与译文

【原文】后岁余，文帝思谊，征之。至，入见，上方受釐（lí），坐宣室。上因感鬼神事，而问鬼神之本。谊具道所以然之故。至夜半，文帝前席。既罢，曰："吾久不见贾生，自以为过之，今不及也。"——摘自《汉书·卷四十八》

【译文】后来过了一年多，文帝想念贾谊，召他回京。贾谊到达京城，入朝觐见，文帝刚刚祭祀完毕，坐在宣室里。文帝因对鬼神之事颇有感触，于是询问贾谊鬼神的根源。贾谊详细讲述其中的道理。两人一直谈到深夜，文帝听得入神，不知不觉地把身子挪到坐席的前端。谈完以后，汉文帝说："我很久没见贾谊了，自以为已经超过他了，现在还是比不上啊！"

洛阳才子： 原指贾谊，因为他是洛阳人。后泛指有才华的人。

前车之鉴： 鉴，镜子，引申为教训。前面的车子翻了，后面的车子可以此为鉴。比喻之前的失败，可以作为后来者的借鉴。

投鼠忌器： 忌，顾虑。想打老鼠，又担心老鼠身旁的器物被击坏而不敢下手。比喻做事有所顾忌。

草菅（jiān）人命： 草菅，野草。把杀人视同于除草。比喻轻视人命，滥杀无辜。

大公无私： 没有私心，一心为公。指处理事情公平，不偏袒任何一方。

汉书·晁错传

晁错传

> 晁错（公元前200—公元前154年），颍川郡（今河南省禹州市）人，西汉著名政治家、文学家。

🟢 善谋国不善谋身的政治家

  晁错从少年时起学习法家思想，治学十分严谨，为人也十分严苛。汉文帝时，朝廷征召研究《尚书》的人，晁错受到推举，跟随学者伏生学习《尚书》，接受了儒家思想，学成归来后，担任太子的属官，又升任博士。
  晁错呈上奏疏，论述太子如何掌握治国的方法，说："君主之所以尊贵显赫，扬名万世，是因为懂得治国之术。懂得如何治理民众，群臣才会臣服；懂得如何分辨言论，才不会被蒙蔽；懂得如何造福百姓，国家才会安定；懂得如何尽孝道，德行才会完美。这四项是太子首先要学的。"文帝觉得有道理，任命他为太子府的总管。晁错能言善辩，很受太子的喜爱和信任,被誉为"智囊"。

文帝时,匈奴屡屡犯境,晁错提出应该主动出击,用最精锐的兵力攻打他们,文帝虽然很赞同,但认为国力不够强盛,没有采纳他的建议。晁错又多次上书,提出削弱诸侯势力以及改革法令的建议,文帝认为太过激进,也没有采纳。尽管如此,文帝仍然赏识晁错的才能,但袁盎等大臣反对晁错的建议,也很讨厌他。

公元前157年,文帝去世,太子即位,是为汉景帝。景帝登基后,对晁错宠信有加,常常召他一起讨论国家大事,对他言听计从。晁错步步高升,引发了朝中很多大臣的不满。

景帝时,诸侯的势力已经很强大,在地方作威作福,越来越不想受朝廷的约束。晁错对景帝说:"眼看诸侯国的势力越来越大,如果再不及早削弱他们,将来就更没办法了。"景帝也想削藩,却不敢轻举妄动,说:"如果削去封地,他们因此造反,怎么办?"晁错说:"如果削去封地他们就要造反,那更要早点削弱。不然,等他们实力强了再造反,祸乱就更大了。"于是景帝召集大臣们商议削藩,因为晁错深受信任,大家不敢反对。

晁错的父亲听说这件事,急忙来找晁错说:"皇帝刚刚继位,你就建议削弱诸侯,疏远人家的骨肉,人们都会

晁错汉廷问策

怨恨你，为什么要这样做呢？"晁错说："不这样做，天子就不会尊贵，国家也不会安宁。"父亲说："刘家的天下是安宁了，而晁家的灾祸就要开始了，我不忍看到灾祸降临！"于是，晁错的父亲回到家中便服毒自杀了。

公元前154年，吴王刘濞听到削藩的消息，联合楚、赵等七国以诛杀晁错、清除皇帝身边的奸臣为名，发动了叛乱。景帝急忙召集众臣商议平叛，晁错建议景帝率兵亲征，景帝犹豫不决。

这时，袁盎来了，袁盎曾经做过吴国的丞相，景帝问他："如今吴、楚等国反叛，你有什么平叛的办法吗？"袁盎说："臣认为不足为虑。臣有一计，但是只能跟陛下一个人说。"景帝让众人退下，袁盎说："吴、楚等国是高祖亲自分封的土地，晁错却擅自建议削藩，他们就以'诛杀晁错'起兵，要求恢复封地。只要杀了晁错，恢复封地，不用一兵一卒便可平定叛军。"

景帝沉思了很久，说："如果真能平定叛军，我又何必舍不得晁错一个人呢！"过了几天，有大臣弹劾晁错，说他言论荒谬，大逆不道，应当腰斩，景帝批复"可以"，派人召晁错入朝。晁错穿着朝服，经过街市时被斩杀，还被灭了满门。

晁错死后，平叛的将领回到京城报告情况，景帝急忙问:"吴、楚退兵了吗?"将领说:"吴、楚谋反之心有几十年了,只不过是借削藩之名起兵罢了,晁错一死,反而遂了他们的愿,恐怕天下的忠臣再也不敢进言了!"景帝长叹一声,说:"你说得对,我也很后悔这件事。"

晁错虽然死了,但他的削藩政策极大地巩固了中央集权,为后来汉武帝的"推恩令"奠定了基础。晁错为国家深谋远虑,却看不到自身的危害,虽然未能善终,但世人都感叹他的忠心。

经典原文与译文

【原文】 错父闻之,从颍川来,谓错曰:"上初即位,公为政用事,侵削诸侯,疏人骨肉,口让多怨,公何为也?"错曰:"固也。不如此,天子不尊,宗庙不安。"父曰:"刘氏安矣,而晁氏危,吾去公归矣!"遂饮药死,曰:"吾不忍见祸逮身。"——摘自《汉书·卷四十九》

【译文】 晁错的父亲听到这个消息,从颍川郡赶来,对晁错说:"皇帝刚刚继位,你当权处理政事,却建议削弱诸侯,疏远人家的骨肉情,招来很多责难怨恨,你这是

为什么呢?"晁错说:"本该如此。如果不这样,天子就不会尊贵,国家也不会安宁。"父亲说:"刘家的天下是安宁了,而晁家却危险了,我要离开你回家了!"于是服毒自杀了,临死前说:"我不忍看到灾祸连累自身。"

百不当一:当,抵挡。一百个抵挡不住一个。

不绝如线:像马上要断掉的线。形容形势危急。比喻子孙凋落或缺乏后继者。

赴汤蹈火:赴,赶往;汤,热水;蹈,踩。为了某件事付出所有勇气,不留余力地前进。比喻不避艰险,奋勇向前。

朝令夕改:早上发布的政令,到晚上又变了。形容政令多变,使人无所适从。

汉书·李广传

李广传

> 李广（？—公元前119年），字号不详，陇西郡成纪县（今甘肃省秦安县）人，西汉名将。

● 令匈奴惧怕的"飞将军"

李广出生于武将世家，世代传习骑射。他身材魁梧，力气很大。有一回，李广在打猎时误把草丛中的石头当成了老虎，一箭射去，把箭直接射进了石头里。

汉文帝时，匈奴经常侵犯，李广参军抗击匈奴，因作战勇猛，杀敌很多，成为皇帝的侍从。李广经常跟随文帝一起狩猎，总能捕杀猛兽，文帝称赞他说："可惜呀，你没有遇到好时机，要是你生在高祖时代，封个万户侯肯定不在话下！"

汉景帝时，匈奴又来入侵，李广驻守边境。有一年，景帝派宦官跟随李广一起抗击匈奴。宦官带着几十名骑兵

李广抗击匈奴

巡视，偶遇三名匈奴人，在打斗中被匈奴人射伤，逃回营中。李广说："射伤你的一定是射雕人。"于是带人去追，射死两人，抓住一人，一询问果然是射雕人。

这时，匈奴的几千骑兵已经杀来，李广仅有一百多名骑兵，大家都很惊慌，想立即往回跑。李广说："我们距离大营几十里，如果现在跑，匈奴肯定追赶，我们寡不敌众，肯定会全军覆没。如果我们停下，匈奴以为是疑兵，便不敢来追。"于是大家原地休整，匈奴果然全部撤退了。

汉武帝时，汉朝发动了全面抗击匈奴的战争，李广升任将军。在一次对战中，因为匈奴兵多，李广兵败被捉，匈奴单于命令一定要把他押送回来。在押送的路上，李广假装伤重身亡，瞧见一个匈奴士兵骑着一匹好马，趁他不备纵身一跃，骑马逃走。几百名匈奴骑兵追赶他，李广仍然成功脱身。回到朝廷后，因为兵马伤亡太多，自己又被活捉，李广被贬为平民。

公元前120年，李广带领四千人出击匈奴，被四万匈奴骑兵包围，士兵们都很恐惧。李广命令军队布成圆形阵势，抵抗匈奴的猛攻。汉军死伤过半，箭快用完了，李广命令士兵把弓拉满，但不要放箭，自己拿起大黄弩弓射死了好几个匈奴副将。这时，天色已黑，士兵们都面无血色，只有李广神气依旧，更加振奋地指挥军队，将士们不由得

二十四史马上读，语文历史都进步

十分佩服。第二天，汉军援兵到来，匈奴才散去。这一战，汉军死伤很多，李广功过相抵，仍然没有获得封赏。

李广屡次参加对匈奴的战争，却始终不能建功封侯，很是郁闷。有一回，他和相学家王朔闲谈，说："从汉朝抗击匈奴以来，我没有一次不参加的，所有校尉以下的人，才能达不到中等，却有几十人因为抗击匈奴有功而封侯。我的才能不低，却一直没有立下一点功劳而封侯，是什么原因呢？难道是我的面相不能封侯吗？"王朔回答说："将军自己回想一下，曾有过什么悔恨的事吗？"李广说："当年我担任陇西太守，羌（qiāng）人曾经反叛，我诱降了八百多人，欺骗他们后同一天杀了他们，唯有这件事一直让我悔恨。"王朔说："没有什么罪过比杀死已经投降的人更大的了，这就是将军一直不能封侯的原因吧。"

后来，大将军卫青出兵攻打匈奴，李广多次请求出战。卫青得知单于的住处，率领精锐部队前去袭击，命令李广率兵从东面迂回出击。李广请求担任前锋，和匈奴正面交战，但卫青受武帝叮嘱，考虑到李广年迈，不宜担任前锋，没有同意他的请求。

李广带兵向东进发，因迷失道路而延误了时间，导致匈奴单于逃跑。卫青把事情经过奏报武帝，命李广派人前去听审，李广说："是我自己迷了路，跟其他人没有关系，我亲自听候审问吧。"来到大将军府上，李广叹息地对部下说:"我年轻时就与匈奴对抗,大小经历了七十多次战争,这次有幸跟随大将军对抗匈奴,但大将军派我走迂回之路,偏偏我又迷了路,难道这不是天意吗?如今我已经六十多岁了,不想再被审问的人侮辱了。"说完拔剑自刎。将士和百姓听说后,不论是否与李广相识,都为他痛哭不已。

李广爱兵如子,英勇善战,因为运气不佳,终身没被封侯,最终自杀身亡,后人对他无限同情,对他的评价很高。

经典原文与译文

【原文】广与望气王朔语云:"自汉击匈奴,广未尝不在其中,而诸妄校尉已下,材能不及中,以军功取侯者数十人。广不为后人,然终无尺寸功以得封邑者,何也?岂吾相不当侯邪?"朔曰:"将军自念,岂尝有恨者乎?"广曰:"吾为陇西守,羌尝反,吾诱降者八百余人,诈而同日杀之,至今恨独此耳。"朔曰:"祸莫大于杀已降,此乃将军所以不得侯者也。"——摘自《汉书·卷五十四》

【译文】李广曾经和相学家王朔闲谈说:"从汉朝抗击匈奴以来,我没有一次不参加的,可是所有校尉以下的人,才能达不到中等,却有几十人因为抗击匈奴有功而封侯。我的才能没有落在别人后面，却一直没有立下一点功劳而封侯，是什么原因呢？难道是我的面相不能封侯吗？"王朔说："将军自己回想，曾有过什么悔恨的事吗？"李广说："我担任陇西郡太守，羌人曾经反叛，我诱降了八百多人，欺骗他们后同一天杀了他们，唯有这件事一直让我悔恨。"王朔说："没有什么罪过比杀死已经投降的人更大的了，这就是将军一直不能封侯的原因。"

李广难封：名将李广多次参加抗击匈奴的战争，没有立下军功，因此没有封侯。比喻命数不好。

飞将数奇：飞将，指李广；数奇，命数不好。李广的命数不好。比喻有能力但境遇不好。

桃李不言，下自成蹊：蹊，小路。桃树、李树不会说话，但树下会自动踩出路来。比喻为人真诚，自然能感召别人。

汉书·苏武传

苏武传

> 苏武（公元前140—公元前60年），字子卿，京兆尹杜陵县(今陕西省西安市)人，西汉杰出的外交家。

🟢 牧羊北海，持节不屈

苏武的父亲曾跟随大将军卫青抗击匈奴，被封为平陵侯，苏武凭借恩荫也封了官。

汉武帝时，汉朝与匈奴战争不断，双方经常派使者互相观察对方的情况，也经常扣留对方的使者。后来，匈奴新单于即位，害怕被攻击，主动放回扣押的使者。武帝很高兴，派苏武带着汉朝的符节护送匈奴使者返回。苏武到了匈奴，归还使者并送上礼物，匈奴单于反而傲慢起来。

匈奴单于正准备派使者护送苏武等人返回，结果内部发生叛乱。之前，汉朝有个使者叫卫律，投降匈奴后得到重用，但他的手下不愿投降，一直想回到汉朝。这名手下正好与苏武的一个副手是旧相识,便密谋劫持单于的母亲,事迹败露,被卫律抓了起来。

单于非常生气,想把苏武等人都杀了,有人建议让他们投降,卫律便去劝降苏武。苏武说:"丧失气节,污辱使命,就算活着也没脸见人!"说完拔剑就抹脖子。卫律急忙抱住苏武,但他已受重伤,倒在地上,浑身是血。大夫赶来,救了好几天,苏武才慢慢醒过来。

单于见苏武如此有气节,更加钦佩,很想劝降他。卫律又找到苏武说:"你的副手犯了死罪,你也得连坐。"苏武说:"我既不是同谋,也不是亲戚,凭什么连坐?"卫律拿起刀恐吓苏武,苏武一动不动。卫律不敢下手,说:"我也是不得已才投降,但投降后单于对我很好,如果你投降,也会和我一样。何必白白送了性命呢?如果听从我的劝告,我们马上结为兄弟,否则恐怕今生再不能与我见面了!"苏武越听越气,反驳说:"你作为汉朝子民,不顾恩义廉耻背叛国家,投降匈奴,我见你干什么呢?单于信任你,让你来裁决人的生死,你不主持公正,还想挑起两国争端,如果你想让两国开战,匈奴的灾祸恐怕就从杀掉我开始了。"

卫律没有办法,回去报告单于,单于更加称赞苏武。为了让他投降,匈奴人开始折磨他,把他关到地窖里,不给他食物。苏武躺在雪地里,和着雪吞毡(zhān)毛,没

▼ 苏武在北海牧羊

二十四史马上读，语文历史都进步

被饿死，匈奴人惊为神人。单于把他发配到荒凉的北海（今贝加尔湖）牧羊，说只有公羊生下小羊，才允许他回到汉朝。

苏武到了北海，就靠挖掘野鼠储存的果实吃，每天拿着汉朝符节，放羊时也不放下。后来，汉将李陵投降匈奴，单于知道李陵与苏武交好，派李陵去劝降。李陵对苏武说："反正也回不去汉朝了，何必在这里吃苦呢？谁能看见你的信义？人生如露水一样短暂，何必这样折磨自己？皇帝年事已高，法令无常，几十家大臣无罪被诛杀，安危难以预料，还为谁守节呢？"苏武说："我们父子没有什么功德，都是因为皇帝的恩德才被封侯。如果能报效国家，就是赴汤蹈火也心甘情愿。臣子对待君主就如同儿子对待父亲，哪里会有怨恨？如果你还劝降，我宁愿死在你面前。"李陵长叹道："唉，你真是义士，我和卫律的罪过比天还高！"说完泪如雨下，与苏武告别离去。后来，李陵得知武帝去世，告诉了苏武，苏武放声大哭，咯出几口血来。一连几个月，苏武每天早晚哭吊武帝，伤心不已。

武帝死后，儿子汉昭帝继位。又过了几年，匈奴与汉朝和好。汉朝要求匈奴送还苏武等人，匈奴说苏武已经死了。使者说："如果单于诚心想和汉朝和好，何必撒谎呢？皇帝打猎时射下一只大雁，大雁的脚上拴着帛书，上面说他在北海放羊。"单于吓了一跳，说："苏武的忠心感动

汉书·苏武传

了飞鸟。"答应将苏武送回。

公元前 81 年,苏武历经十九年终于回到长安(今西安市),百姓们纷纷出来迎接,只见苏武的头发、胡须都已变白,手里仍拿着已经磨成了光杆的符节,都流下泪来。

公元前 60 年,苏武去世,享年八十一岁。汉宣帝很怀念辅佐汉室的大臣,命人在未央宫的麒麟阁画出十一位功臣的画像,其中就有苏武。苏武持节不屈,被视作忠君爱国、崇尚气节的典范。

经典原文与译文

【原文】陵与武饮数日,复曰:"子卿壹听陵言。"武曰:"自分已死久矣!王必欲降武,请毕今日之欢,效死于前!"陵见其至诚,喟(kuì)然叹曰:"嗟乎,义士!陵与卫律之罪上通于天。"因泣下沾衿,与武决去。
——摘自《汉书·卷五十四》

【译文】李陵与苏武宴饮了几天,又劝苏武说:"请你一定要听我李陵的话。"苏武说:"我自料必死很久了,你非要让我投降的话,请结束今天的宴饮,让我死在你的面前吧！"李陵见苏武如此忠诚，感叹地说："唉，你是义士啊！我和卫律的罪过比天还高啊！"因此流下眼泪，打湿了衣服，与苏武诀别后离去。

高风亮节：高风，高尚的品格；亮节，坚贞的节操。形容人的道德和行为都很高尚。

啮（niè）雪吞毡：嚼雪止渴，吞咽毡毛充饥。比喻为坚持气节而艰苦地生活。

白发丹心：苏武出使匈奴，被扣十九年，丹心一片，回国时头发胡须都白了。比喻即便年老，仍有一片赤胆忠心。

屈节辱命：失去了节操，辱没了使命。

雁足留书：雁，大雁；书，书信。大雁的脚上绑着书信。

汉书·卫青传

卫青传

> 卫青（？—公元前106年），字仲卿，河东郡平阳县（今山西省临汾市）人，西汉杰出的军事家、抗击匈奴的名将。

● 平定匈奴的大将军

卫青出身贫穷，小时候放羊，长大后成为汉武帝的姐姐平阳公主的马夫。

一次，卫青跟着别人去皇帝避暑的甘泉宫，一个会看相的囚犯说："看你的面相富贵，以后一定能封侯！"卫青笑笑说："我是奴婢的儿子，不挨打受骂就不错了，怎么会有封侯那样的美事呢！"

当时，卫青的姐姐卫子夫也在平阳公主家里为奴。有一次，汉武帝到姐姐家里做客，看中了卫子夫，带她进宫成为妃子。

一年后，卫子夫怀孕，陈皇后很嫉妒，让母亲馆陶公主派人刺杀卫青，所幸卫青被朋友救下。武帝知道后大怒，不仅封卫子夫为夫人，地位仅次于皇后，还将卫青提拔到身边，作为亲信跟随左右，参与朝政长达十年。

公元前130年，匈奴来犯，武帝亲自部署，任命卫青为车骑将军，率领一万骑兵，与其他三路大军分别出击。

卫青首次出征就深入险境，一直攻到匈奴人祭天的圣地龙城，首战获胜。其他三路均出师不利，只有卫青大胜

▼ 卫青平定匈奴

而归。武帝十分高兴，封他为关内侯。龙城之战是自汉朝开国以来对匈奴作战的第一次胜利，极大地振奋了人心。

三年后，匈奴再次来犯，武帝派卫青进攻被匈奴盘踞的河套（今黄河河套）地区。卫青采用迂回侧击的战术，大败匈奴，缴获牲畜达到几百万头，成功控制了河套。

武帝在那里设置两个郡，修筑城池，迁去十万名百姓定居。汉朝占领河套，解除了匈奴对长安的威胁，获得了很大的战略空间。卫青被封为长平侯，食邑三千八百户。

又过了几年，武帝命令卫青再次攻打匈奴。匈奴右贤王以为汉军不可能到他那里，喝得大醉，晚上汉军便杀到了。右贤王大吃一惊，急忙逃走，大部分部众被俘虏。

武帝接到捷报，任命卫青为大将军，统领所有军队，地位在丞相之上。武帝还加封了卫青的三个儿子，卫青推辞说："臣有幸能够在军队任职，是仰仗陛下的神威，能获得胜利也是各位将士的功劳，臣的儿子没有功劳，不能白白受封。"

后来，卫青再次出战匈奴，一名副将遇到匈奴大军，交战了一天多，大败而归。卫青问该当何罪，手下人说："自大将军出征以来，还没杀过副将，现在他丢盔弃甲，该当死罪，可以杀掉他以示军威。"卫青说："我有幸得皇上的信任统率大军，不害怕没有威信，这件事还是奏报皇上处理,做臣子的不敢专权。"

公元前119年,武帝命卫青、霍去病等人率军远征漠北。此战,汉军击溃匈奴的主力,匈奴人远逃,很多年都不敢来犯。武帝为表彰卫青的功劳,封他为大司马大将军,成为汉朝级别最高的军事统帅。

当初,平阳公主曾问身边的人:"列侯之中谁最贤能?"身边人回答:"卫青最贤能。"平阳公主说:"卫青从小在我家长大,常骑马跟随着我,他现在怎么样了?"身边人说:"他现在可尊贵了。"于是平阳公主把自己的心意告诉武帝,武帝下令卫青迎娶平阳公主。

公元前106年,卫青因病去世。汉武帝将他的陵墓修成阴山的形状,以表彰他的战功。卫青一生七次出击匈奴,每战必胜,为平定匈奴作出了巨大贡献。

经典原文与译文

【原文】上曰:"大将军青躬率戎士,师大捷,获匈奴王十有余人,益封青八千七百户。"而封青子伉为宜春侯,子不疑为阴安侯,子登为发干侯。青固谢曰:"臣幸得待罪行间,赖陛下神灵,军大捷,皆诸校力战之功也。陛下

汉书·卫青传

幸已益封臣青,臣青子在襁褓(qiǎng bǎo)中,未有勤劳,上幸裂地封为三侯,非臣待罪行间所以劝士力战之意也。伉等三人何敢受封!"——摘自《汉书·卷五十五》

【译文】汉武帝说:"大将军卫青亲自率领将士,出师大捷,活捉了匈奴王十余人,把大将军的食邑增加到八千七百户。"而且册封卫青的儿子卫伉为宜春侯,卫不疑为阴安侯,卫登为发干侯。卫青坚决推辞说:"臣有幸能够在军队效力,是仰仗陛下神威,我军大捷,是各位校尉力战的功劳。陛下垂幸已经册封了臣,臣的儿子们年幼,没有什么功劳,皇上垂幸册封他们三个为侯爵,这不是臣在军队效力时勉励将士努力作战的本意。卫伉等三人哪里敢接受册封!"

词语积累

对簿(bù)公堂:簿,文状;公堂,官吏审案的大堂。指在法庭上接受审问。

二十四史马上读,语文历史都进步

霍去病传

> 霍去病(公元前140—公元前117年),河东郡平阳县(今山西省临汾市)人,西汉名将、军事家。

● 勇冠三军的冠军侯

霍去病是大将军卫青的外甥,从小善于骑射,为人沉默寡言,敢作敢为。卫子夫成为皇后之后,霍去病因为外戚的身份,获得汉武帝的赏识,成为近臣,常在身边跟随。

有一次,武帝想亲自教授霍去病兵法,霍去病说:"打仗靠的是智慧和谋略,不必学习古代的兵法。"

公元前123年,年仅十八岁的霍去病被武帝任命为剽姚校尉,跟随卫青出征匈奴。卫青让他带领八百名轻骑兵,脱离主力部队,相机行事,攻击匈奴。

霍去病第一次带兵出征,杀敌人数就远远超过了自己部队死伤数目,还活捉了匈奴的相国以及单于的祖父、叔父等多人，两次功冠三军。武帝十分高兴，封他为冠军侯，食邑两千五百户。

又过了两年，汉武帝任命二十岁的霍去病为骠骑将军，率领一万名骑兵进攻匈奴。当年春季，霍去病率军出发，六天转战一千多里，攻陷匈奴五个王国，越过焉支山（今甘肃省境内），与匈奴主力展开决战，立下大功。

为了巩固胜利成果，霍去病在夏季继续进攻。他采取大纵深外线迂回的战术，深入匈奴境内两千多里，取得巨大战果。匈奴浑邪王、休屠王惧怕单于降罪，请求投降，武帝下令霍去病前去受降。霍去病果断斩杀临时反悔的八千多名匈奴部众，将浑邪王单独护送到长安，又统领他的十万部众回到汉朝。

从此，汉朝稳稳控制了河西走廊，完全打通了联通西域的商道。匈奴人因此哀叹："失我祁连山，使我六畜不蕃息；失我焉支山，使我嫁妇无颜色。"此战之后，霍去病的声望、地位与日俱增，直追大将军卫青。武帝为了表彰霍去病的战功，修建了宅第赏赐给他，让他去看看，他说："匈奴不灭，无以家为。"武帝更加重视和宠爱他。

公元前119年，武帝命卫青、霍去病各率五万名骑兵深入漠北，远征匈奴，企图彻底解决匈奴问题。霍去病北进两千多里，与匈奴左贤王部对战，大获全胜，俘虏匈奴大小王及高官八十多人。

匈奴败北而逃,霍去病乘胜追击,到达狼居胥山(今蒙古国肯特山),并在这里举行了祭天之礼。随后继续往北,一直打到贝加尔湖(今俄罗斯境内)才回军。

漠北一战,匈奴死伤惨重,受到重创,势力大为减弱。而"封狼居胥",也成为我国历代武将的最高追求。武帝为了表彰霍去病的功劳,再次加封他食邑五千八百户,升任大司马骠骑将军,与卫青一起统管军队,并特意下令两人的官阶、俸禄完全一样,霍去病的权势从此超过了卫青。

▼ 霍去病远征漠北

汉书·霍去病传

霍去病因为从小被武帝宠爱,有些恃宠而骄,虽然作战英勇,但不懂得关心部下。霍去病的士兵经常有人吃不饱饭,而他常常在出征路上丢弃许多食物。有的士兵饿得站不起来,他还在踢球玩乐。

公元前117年,由于匈奴拒绝向汉朝称臣,武帝决心再次发动战争,歼灭他们的主力。就在积极准备的时候,霍去病生病去世,年仅二十四岁。武帝十分伤心,从此暂停了对匈奴的战争。

为了纪念霍去病的战功,武帝下令将他的陵墓修成祁连山的样子。霍去病用兵灵活,针对匈奴分散居住的情况,组织人数不多的骑兵长途奔袭,往往能收到奇效,在对匈奴战争中发挥了重要作用,为武帝时期的军事扩张作出了重大贡献。

经典原文与译文

【原文】去病为人少言不泄,有气敢往。上尝欲教之吴、孙兵法,对曰:"顾方略何如耳,不至学古兵法。"上为治第,令视之,对曰:"匈奴不灭,无以家为也。"
——摘自《汉书·卷五十五》

【译文】 霍去病为人沉默寡言、性格缜密,神气饱满、敢作敢为。汉武帝曾经想教给他吴起、孙武的兵法,他回答说:"打仗就看谋略怎么样,没有必要学习古人的兵法。"武帝给他修建了一座府邸,让他去看看,他回答说:"匈奴没有消灭,我就没有安家的理由啊。"

身经百战: 身,亲身。亲身经历了很多次战斗。比喻阅历多,经验丰富。

勇冠三军: 冠,位居第一;三军,古代有上军、中军、下军,指整个军队。勇敢全军排第一。

犬马之劳: 犬马,古代的臣子在君主面前自比为犬马。愿意像犬马那样为君主奔走效劳。比喻心甘情愿被驱使,为人效力。

董仲舒传

> 董仲舒（公元前179—公元前104年），信都郡广川县（今衡水市景县）人，西汉著名的哲学家、教育家。

● 天人策问，独尊儒术

董仲舒的老家邻近齐鲁大地，从小受鲁国文化影响很大，鲁国是孔子的故国、儒家思想的大本营。董仲舒家里有很多藏书，他从小就爱看书，年轻时研究《春秋》，在汉景帝时担任博士。

董仲舒三十岁开始招收学生，精心培养。讲课时他在前面挂一个帘子，他在里面宣讲，弟子坐在外面听。他又让先入学的弟子传授后入学的弟子，就这样一传十、十传百，一些再传弟子甚至连续几年都不曾见过董仲舒的面。通过这种方式，董仲舒传播了儒家思想，培养了很多人才，声誉逐渐提高。

董仲舒为人谦逊,认真教书,刻苦研究学问。他的书房紧挨着一个花园,但他三年都没有到花园看一眼,弟子们都很尊敬他。

汉初经济凋敝,统治者一直推行黄老学说,讲究无为而治,造就了"文景之治"的盛世。但到汉景帝时期,因为诸侯实力越来越大,最终爆发了"七国之乱"。董仲舒认为,国家的当务之急是加强中央集权,不能再实施黄老之术,这与汉武帝的想法不谋而合。

当时,武帝刚刚掌权,正想大展拳脚,开创新制度,命令各地推举贤士,董仲舒被推荐参加策问。武帝连续对他进行了三次策问,这便是著名的"天人三策"。

董仲舒以儒家学说为基础,结合阴阳五行理论,杂糅其他诸家学说,在对策中详细阐述了"天人感应""君权天授""罢黜百家""大一统"等观点,以求统一思想,严明法度。

董仲舒的这些主张,为帝王的统治提供了理论依据,奠定了我国两千多年君主法宪制度和封建社会的秩序结构的基础。武帝看后大为赞赏,很看重董仲舒。

不久,武帝把董仲舒派去自己的哥哥江都易王刘非那里当相国。刘非为人粗暴蛮横,他听说过董仲舒的名声,对董仲舒很尊重,并把董仲舒视为春秋时期帮助齐桓公称

▼ 董仲舒独尊儒术

霸的管仲，希望董仲舒能帮助他谋取大权。

有一次，刘非对董仲舒说："越王勾践与三位谋士密谋，最终灭掉了吴国。齐桓公遇到疑难问题，都会请管仲来解答，如今我也有疑问想请先生解答。"

董仲舒说："请恕我解答不了大王的问题。我认为越国没有仁人，仁人不会谋取私利，在孔子的弟子中，即便是小孩子也知道欺诈和武力是不义之举。和上古三王相比，春秋五霸就好比是石头之于美玉，无法相提并论！"刘非觉得有理，便打消了造反的心思。

公元前135年，汉高祖的长陵高园殿、辽东高庙先后发生火灾，董仲舒认为这正是天人感应的征兆，带病起草奏章，直言两次火灾说明上天已经对皇帝发怒了。

奏章还没写好，正好大臣主父偃（yǎn）来拜访，他嫉妒董仲舒的才能，偷出奏章草稿交给武帝。武帝看后大怒，要将董仲舒斩首，但又怜惜他的才华，最终免了死刑，罢免了他的官职。董仲舒回家继续教书。

十年后，当朝重臣公孙弘推举董仲舒给胶西王刘端为相。刘端也是武帝的哥哥，为人放纵凶残，比刘非还要蛮横，多次斩杀朝廷委派的官员。刘端知道董仲舒是儒家大师，对他比较尊敬，但是董仲舒担心时间久了难免遭遇不测，便以年老多病为由辞官回家。

汉书·董仲舒传

　　董仲舒晚年不再过问世事，一心埋头读书、著作。虽然他不在朝中为官，但如果遇到难以决断的事，武帝仍会派人前去他家里向他请教，董仲舒也会一一回答。

　　公元前104年，董仲舒在家中病逝，葬在长安西郊。有一次，武帝路过他的墓地，想起他的才能及功劳，特意下马致意，所以董仲舒的陵墓又被称为下马陵。

　　当年，秦始皇为了统一思想，用"焚书坑儒"的方式，烧毁了许多学术著作，背负了很多骂名，最终却无以为继。董仲舒身处汉朝发展极盛的时期，吸取秦始皇的教训，大推儒家理论，向武帝提出"独尊儒术"的建议，顺利完成了思想统一，儒家思想从此成为我国的主流思想。董仲舒被看作儒学史上的重要人物，为儒学的发展作出了巨大贡献。

经典原文与译文

　　【原文】 少治《春秋》，孝景时为博士。下帷讲诵，弟子传以久次相授业，或莫见其面。盖三年不窥园，其精如此。进退容止，非礼不行，学士皆师尊之。——摘自《汉书·卷五十六》

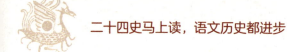

【译文】董仲舒年少时研习《春秋》,汉孝景帝时担任博士。他放下悬挂的帷幕讲学,弟子们根据拜师的先后顺序相互传授学业,因此有人从来没有见过他的面。连续三年都不看一眼园子,他专心到这种程度。他出入时的仪容举止,无一不合乎礼仪,读书人都师法、尊重他。

急功近利:指急于求成,贪求眼前的利益。

目不窥园:窥,观看;园,花园。眼睛从不看一眼花园。形容埋头读书,不问外事。

改弦更张:更,改换;张,乐器上的弦。指换掉旧琴弦,安上新的。比喻改变方针、计划和方法。

党同伐异:伐,讨伐。把和自己观点相同的人看作同党,而将持不同意见的人视为异党,大加攻击。

司马相如传

> 司马相如（公元前179—公元前118年），字长卿，蜀郡成都县（今四川省成都市）人，西汉著名文学家、政治家，汉赋四大家之一，被后世誉为"赋圣"。

● 风流才子，汉赋大家

司马相如原名犬子，因为仰慕战国时期赵国名相蔺相如，所以改名相如。他年少时喜欢读书、练剑，二十多岁时花钱买了个官职，跟随在汉景帝身边。

司马相如喜欢辞赋，但是景帝不喜欢，所以他一直没有得到赏识。后来，景帝的弟弟梁王刘武来京朝拜，梁国的不少文士如枚乘、邹阳等人一同前来，司马相如与他们一见如故，于是辞去官职，成为刘武的宾客。著名的《子虚赋》，就是他在梁国期间所写。

刘武去世后，司马相如只好回老家，因为家贫无法自立。他恰好与临邛（qióng）县（今邛崃市）县令是旧相识，县令知道他有才华，便邀请他去临邛。临邛县有个叫卓王孙的富人，家里很有钱。他听说县令有贵客来了，摆宴招待。司马相如不好推辞，只得赴宴。席间，大家谈笑风生，都很倾慕司马相如的风采。

这时，县令拿来一把琴，对司马相如说："我听说先生最爱抚琴，请为我们抚一曲吧。"卓王孙有个女儿叫卓

▼ 司马相如弹奏《凤求凰》

文君，她很喜爱音乐，当时因为死了丈夫待在娘家。卓文君早就仰慕司马相如的才华，一直在门缝中偷看他。

司马相如故作镇定，借机弹了一曲《凤求凰》，向卓文君表达情意。卓文君欢喜不已，宴会结束，便连夜与司马相如私奔了。

两人返回成都的家中，但家中一贫如洗。卓王孙知道后，非常生气，在亲戚们的劝说下，给了卓文君车马和屋田，他们才不用为生计发愁。

景帝去世后，儿子汉武帝继位。武帝喜爱文学，有一次读到《子虚赋》，大为赞赏，感叹说："真可惜啊，我不能与这个人生活在同一时代！"

武帝身边的奴仆说："这篇赋正是臣的同乡司马相如所作。"武帝大吃一惊，立即召司马相如进京。

司马相如对武帝说："《子虚赋》写的是诸侯之事，不值得一看，不如臣为陛下另外写一篇游猎的辞赋吧。"于是洋洋洒洒写下《上林赋》，以子虚、乌有两人之论夸赞天子游猎的宏大场面，文辞十分壮丽。

赋文歌颂了大一统的汉帝国，鲜明地维护国家统一，又暗含讽谏之意，开创了汉赋的基调。武帝看后非常高兴，封司马相如为郎官。

公元前135年，汉武帝派大将唐蒙开拓西南地区，唐蒙征发巴郡、蜀郡等地的很多百姓，又用战时法规杀了当地首领，巴、蜀两地的百姓十分惊恐。

武帝得知后，派司马相如前去责备唐蒙。司马相如写了一份公告，恩威并施，取得了不错的效果。

后来，武帝又命司马相如出使西南夷（今四川省西部、贵州省、云南省一带）。到达蜀郡时，太守以下官员都来郊外迎接，蜀郡百姓都以司马相如为荣。卓王孙不禁感叹，后悔应该早些把女儿嫁给他。

开始时，蜀郡百姓认为开通西南夷没什么用，司马相如写了一篇《难蜀父老》，成功地说服了众人。后来，司马相如派人平定西南夷，拆除旧关隘，建立新关口，使汉朝的西南边疆再次扩大。

司马相如时常跟随在武帝左右，通过写文章进行劝诫。武帝喜欢射猎熊、野猪，追逐野兽，司马相如便写了一篇《上书谏猎》，说天子应以身体和国家为重，不要再冒险打猎，武帝看后大为欣赏。

后来，武帝又迷上了仙道，司马相如说："《上林赋》说的事还不够好，臣曾经写过一篇《大人赋》，请求献给陛下。"再次通过辞赋谏讽。

司马相如晚年多病，辞官后一直在家休养。武帝听说后，对身边的人说："听说司马相如病得厉害，赶快去他家，把他写的书都取来,要不然就都散失了。"使者赶到司马相如家中,司马相如已经去世,只留下一本关于封禅的书献给武帝。

汉朝是我国第一个强盛而持久的大一统王朝,汉民族正处于蓬勃发展的时期,经济发达,人心振奋,这种时代特征体现在文学上,便是汉赋。

司马相如极大地开创了汉赋的体例,将汉赋发展推向了高峰,被后世称为汉赋的奠基人。

经典原文与译文

【原文】居久之,蜀人杨得意为狗监,侍上。上读《子虚赋》而善之,曰:"朕独不得与此人同时哉!"得意曰:"臣邑人司马相如自言为此赋。"上惊,乃召问相如。相如曰:"有是。然此乃诸侯之事,未足观,请为天子游猎之赋。"——摘自《汉书·卷五十七上》

【译文】过了不久,蜀郡人杨得意在宫中管理猎犬,服侍汉武帝。武帝读了《子虚赋》,大为赞赏,说:"朕唯独遗憾不能与这个人生活在同一时代啊!"杨得意说:"臣的同乡司马相如自称写了这篇赋。"武帝吃惊，便召见司马相如询问。司马相如说："是我写的。但《子虚赋》写的是诸侯的事情，不值得一看，臣请求写一篇天子游猎的辞赋。"

举案齐眉：案，托盘。送饭时把托盘举到眉毛的位置，表示尊敬。形容夫妻彼此尊敬。

相敬如宾：夫妻之间互相敬重，就像对待宾客一样。

家徒四壁：徒，仅。家里只剩下四堵墙，其他什么也没有。形容家里很穷，一无所有。

子虚乌有：子虚和乌有是司马相如《子虚赋》中虚构的人物，用来表示假设的、不真实的事情。

千金买赋：花一千金买一篇赋文。形容文章很值钱。

张汤传

> 张汤（？—公元前116年），京兆郡杜陵县人，西汉著名的酷吏。

奉公弄权的廉洁酷吏

张汤的父亲曾经担任长安县（今西安市）的县丞，精通法律。有一回，父亲有事外出，让张汤看家。父亲回来后，发现家里的肉被老鼠偷吃了，非常生气，用鞭子责罚张汤。

张汤便把老鼠洞挖开，抓住偷肉的老鼠，找到了吃剩的肉，对这只老鼠进行详细的审问，还定下罪名，判处刑罚。父亲把他的审案文书拿来一看，居然写得跟办案多年的老狱吏一样，颇为震惊，从此让张汤学习写审案文书。

父亲死后，张汤继承了父职，任职很长时间。他利用职务之便，结识了一位高官，两人交情极深。张汤由此不断获得推荐，进入丞相府任职，又被丞相推荐给汉武帝，当了侍御史，专门审理犯案的朝廷官员。

后来，张汤负责审理陈皇后巫蛊案，他深入追查，揪出许多党羽。武帝认为他很能干，又升了他的官。

张汤判案时经常揣测武帝的意思。凡是武帝肯定的，他就用来当作判案的指令，以此宣扬武帝的圣明。如果是武帝想要重判的，他就把案子交给执法严苛的人办理；如果是武帝想要轻判的，就交给执法轻平的人处理。如果所判的人是豪强，他一定仔细研究法律条文，想办法严惩严办；如果审判的是穷人，他便说："即便定了罪，皇上也会再过问的。"

张汤对武帝的想法揣摩得很深，他有时犯了错，便立即承认错误，对武帝说："本来有贤明的官员给臣提了建议，但是臣没有采用，所以才犯了错，臣真是太愚蠢了！"武帝听他这么一说，也就不予追究了。

在查办淮南王刘安谋反案件时，刘安的谋士伍被等人被审判，武帝欣赏伍被的才能，想赦免他。张汤说："伍被策划谋反，结交出入宫禁的心腹臣子，私通诸侯，这样的人如果不杀，以后恐怕会有人效仿。"武帝认为有理，同意了张汤的判决，张汤越来越受到信任。

武帝即位后经略四方，将几十年积累的钱财都花光了。这一年，朝廷征调大军攻打匈奴，山东地区又遭遇水旱灾害，

张汤弄权

民不聊生，但国库已空。

张汤顺应武帝的心意，请求铸造五铢钱，垄断食盐和铁器经营，排挤当时的富商；并发布通告，利用法律条文拟定罪名，铲除豪强大户。武帝听他谈论财政规划，经常忘记吃饭。

这些政策实施之后，百姓生活难以安定，朝廷兴办的事业也没有收益，官吏们纷纷贪污。张汤用严厉的刑罚处罚，一时间，朝内朝外都对张汤大加指责。那段时间，几乎所有的国家大事都由张汤决定。有一次，张汤生病，武帝竟然亲自登门探望，张汤的显贵到了无以复加的程度。

张汤深受重用，多次代行丞相的职责，与丞相府的三个属官生了嫌隙，他们联合起来想陷害张汤。他们逮捕了张汤的一个朋友，说张汤每次奏请皇上的事，这个人早就知道，所以提前囤积物资，以此发财，再与张汤分赃。

这件事传到武帝耳朵里，武帝问张汤说："为什么朝廷颁布的政令，商人们事先都知道，而且囤积物资，好像有人事先告诉他们似的。"张汤并不解释，反而惊讶地说："好像是的。"

这时，正好有官员揭发张汤的其他事情，武帝信以为真，以为张汤心怀奸诈，故意撒谎，命人按状纸罗列他的罪行，逐一审问。张汤全部否认，坚决不认罪。后来有人对张汤说:"你怎么想不明白呢!这些年,你办理的灭门之案有多少家?现在人家指控你的罪责都有具体证据,皇上难以处理你的案子,想让你自杀,何必还找人对质呢?"

张汤上疏谢罪说:"臣没有立过什么功,起初只是文书小吏,因皇上宠幸,得以位列三公。臣没有办法推掉罪责,但谋害臣的正是丞相府的三位属官。"写完就自杀了。

张汤死后,家产总值不超过五百金,都是自己的俸禄和皇上的赏赐,没有其他产业。张汤的家人想厚葬张汤,他的母亲说:"张汤是皇上的大臣,却被诬告而死,为什么还要厚葬?"就用牛车拉着棺材,草草埋葬了。

武帝听说后,感叹说:"没有这样的母亲,哪里能生出这样的儿子呢!"于是彻查此案,把陷害张汤的三位属官都杀了。

张汤用法严酷,后人常将他作为酷吏的代表,但他为官清廉俭朴,不失为一代廉吏。

经典原文与译文

【原文】汤掘熏得鼠及余肉,劾鼠掠治,传爰书,讯鞫(jū)论报,并取鼠与肉,具狱磔(zhé)堂下。父见之,

视文辞如老狱吏,大惊,遂使书狱。——摘自《汉书·卷五十九》

【译文】张汤挖开并烟熏鼠洞,抓到了老鼠和吃剩的肉,审理老鼠并拷打讯问,查验审问文书,审讯后判决定刑,一起取来老鼠与肉,备文定案,在厅堂上肢解了老鼠。张汤父亲见到后,看了他写的判决书,像多年任职的老狱吏,非常惊奇,从此让他写刑狱文书。

改弦易辙: 易,更换;辙,车轮压过的痕迹。琴换了弦,车子换了路。比喻改变了方向、计划和态度。

侧目而视: 侧,斜着。指斜着眼睛看人。形容害怕又愤恨的神情。

一意孤行: 不听劝告,固执地照自己的意思行事。

张骞传

> 张骞(qiān)(公元前164—公元前114年),字子文,汉中郡城固县(今汉中市城固县)人,西汉杰出的外交家、探险家。

● 丝绸之路的开拓者

张骞性格坚韧,心胸开阔,富有冒险精神,在汉武帝时担任郎官。

西汉初年,匈奴趁着中原地区战乱,征服了西域,向各国征收繁重的赋税,并以此为据点,侵扰汉朝的领土,汉民苦不堪言。

汉朝在同匈奴斗争的过程中,逐渐认识到西域的重要性。到了武帝即位时,汉朝国力强盛,积极准备对付匈奴。

匈奴人曾经打败西域大国大月氏(zhī),把大月氏王的头颅做成饮酒的器皿,大月氏人十分怨恨匈奴,但一直没有实力攻打它。

武帝知道这件事后,想派人出使大月氏,联合他们夹击匈奴。要去大月氏国,必须要穿经匈奴境内,于是武帝向全国招募使者,张骞应募。

公元前138年,张骞以匈奴人堂邑父为向导,带着一百余名随行人员从京城长安出发去大月氏。经过匈奴地区时,他们被匈奴骑兵抓获。

匈奴单于对张骞说:"大月氏在我们的北面,汉朝人为什么要去那里?如果我想去汉朝南边的越国,汉朝会同意吗?"于是扣留了张骞等人。

匈奴为了拉拢张骞,打消他出使大月氏的念头,威逼利诱,软硬皆施,甚至让他娶妻生子。但张骞始终记得自己的使命,保存汉朝的符节从不曾丢失。

张骞被扣留十年之后,终于找到机会,带领随从逃出匈奴人的控制区域,向大月氏方向逃去,历尽艰辛,来到大宛(yuān)国。

大宛国王早就听说汉朝很富有,想和汉朝建立来往,因为匈奴的缘故,一直没能如愿。张骞的到来,使他们大为惊喜。张骞趁机请求派人护送他去大月氏,大宛王很高兴地答应了。

此时的大月氏已经发生了很大的变化,自从大月氏王

▼ 张骞出使西域

被杀后,大月氏人拥立了新王,获得了新的国土,逃离了匈奴的侵扰,已经无心复仇了。再加上他们觉得与汉朝距离太远,就算联合夹攻匈奴,一旦遇到危险,恐怕汉朝也难以相助。

张骞在大月氏逗留了一年多,始终没能说服大月氏人,无奈之下,他只好带着部下返回汉朝。

返程途中,张骞为了避免遇到匈奴人,特意绕道而行,但还是不幸被俘虏。一年多后,匈奴发生内乱,张骞才趁机逃脱,回到长安。

张骞第一次出使西域,历时十三年,出发时有一百多人,回来时仅剩自己和堂邑父两人。

张骞向武帝奏报说:"大宛、大夏以及安息国等都是大国,有许多奇珍异宝,生活习俗与汉朝相近。他们兵力不强,很看重汉朝的财物,如果能用财物使他们归附,便能扩大汉朝的疆土,汉朝的威望也能普及四海。"

张骞又根据自己掌握的信息,建议武帝从蜀地通使大夏,能完全避开匈奴。

武帝本来就想征讨西南夷,因为花费太多而暂停了,现在听说能通往大夏,十分高兴,下令经略西南夷。从此,西南地区开始得到开发,与中原地区的关系日益密切。

当时,汉匈之战已经持续了好几年。张骞因为了解水草分布，熟悉地形，于是常和汉军一起出击匈奴，因功被封为博望侯。

公元前119年，汉军大举出击，将匈奴势力赶出漠南，但匈奴的残余势力依然影响西域各国。武帝就此咨询张骞，张骞说："臣在匈奴时，知道乌孙国与匈奴不和。现在匈奴被我们击败，我们多拿些财物给乌孙国，让他们回到原来的土地居住，就能实现斩断匈奴右臂的战略目的，还能宣扬国威。"

武帝便任命张骞为中郎将，同时任命一批副使，率领三百余人的使团，携带金银丝帛等巨万财物，以及数万头牛羊第二次出使西域。

张骞到达乌孙国，送上礼物，传达武帝的旨意，但恰逢乌孙国内乱，张骞劝说失败。不过，张骞的副使分别访问了大宛、大月氏、大夏等国，扩大了汉朝的政治影响，使西域各国了解了汉朝的广大。

五年后，张骞返回长安，被授任大行官，专门掌管外交事务。公元前114年，张骞去世。

汉朝以前，中国人对西域了解很少。张骞出使西域，与西域各国建立了友好关系，既促进了当地的进步，也丰富了中原的物质生活，对全国的发展起到了极大的促进作用。

张骞出使西域，还使中国的影响力到达葱岭以西，打开了中国与中亚、西亚、南亚以至通往欧洲的陆路交通,因此称为"凿空"。

此后,中西方的物质文化交流日益频繁,张骞出使西域开拓的这条路成为名副其实的"丝绸之路",张骞也被誉为"丝绸之路的开拓者"。

经典原文与译文

【原文】骞以郎应募,使月氏,与堂邑氏奴甘父俱出陇西。径匈奴,匈奴得之,传诣单于。单于曰:"月氏在吾北,汉何以得往使?吾欲使越,汉肯听我乎?"留骞十余岁,予妻,有子,然骞持汉节不失。——摘自《汉书·卷六十一》

【译文】张骞以郎官的身份应募,出使大月氏,带着姓堂邑氏名叫甘父的奴隶从陇西郡出发。经过匈奴境内,匈奴抓获了他们,转送到单于那里。单于说:"大月氏在我们的北面,汉朝为什么要出使那里?我想派使者去汉朝南边的南越,汉朝肯答应我吗?"匈奴扣留张骞十几年,还让他娶妻,生了儿子,但张骞保留汉朝使

汉书·张骞传

者的符节,不曾丢失。

丝绸之路: 汉武帝派张骞出使西域,开辟了从京城长安,经甘肃省、新疆维吾尔自治区,到中亚、西亚,连接地中海各国的陆上商道。最初主要运输我国出产的丝绸,故称丝绸之路。

不得要领: 要领,长袍的腰和领,比喻事物的要点。没有抓住事物的要点或关键。

九死一生: 九,表示极多。形容经历很大危险而幸存,也形容处在生死关头,情况危急。

主父偃传

> 主父偃（yǎn）（？—公元前126年），西汉齐国临淄县（今山东省淄博市）人，汉武帝时大臣。

● 力主"推恩令"的权臣

主父偃是齐国人，出身贫寒，少年时学习长短纵横之术，后来又学习《周易》《春秋》等百家学说。

主父偃自视清高，早年在齐国经常受人排挤，儒生们很讨厌他，也没有人愿意借给他钱，他实在待不下去了，只好游历各国，但都得不到赏识，过得十分困窘。

公元前134年，主父偃来到京城长安，直接向汉武帝上书，一共陈述了九个问题，其中八个与律令有关，一个是劝阻征讨匈奴，引起了武帝的注意。武帝早上收到奏章，当晚便召见了他，任命他为郎中。

此后，主父偃多次上疏陈述政见，都能切中时弊，武帝很欣赏，一年之中四次提拔他。

汉朝自"七国之乱"之后，诸侯王势力遭到严重削弱，再也无力与中央抗衡。但一些新兴诸侯王，比如武帝的叔叔梁王，在平定"七国之乱"时立了大功，因此梁国的实力很强，不利于中央推行政令。主父偃便向武帝提出"推恩令"。

主父偃说："古时候，诸侯们的封地不过一百里，很容易控制。现在诸侯动辄有城池几十座，土地方圆千里，于是骄纵奢侈，危害很大，一旦联合起来反叛，朝廷就危险了。如果强制削减他们的土地，会激发反叛之心，之前的'七国之乱'就是例子。诸侯的儿子众多，只有一人能世袭王位，如果陛下命令诸侯推恩，把土地分给所有儿子，不仅儿子们高兴，也分散了他们的实力。"这一政策正合武帝心意，于是下令在全国实行"推恩令"。

"推恩令"惹恼了诸侯，大家都很讨厌主父偃。但主父偃能言善辩，大臣们都害怕他，经常用钱财对他行贿。有人曾劝告主父偃说："你不要太横行无忌了。"

主父偃不以为然地说："我自成年后游历各国四十多年，一直不得志，父母不拿我当儿子，兄弟不肯收留我，朋友厌弃我，我穷困潦倒的日子很久了，我已经过够了。大丈夫在世，活着不能享受五鼎盛放的山珍海味，死时干脆接受五鼎

的烹刑吧。我已经时日无多，所以不能按常理做事！"

不久，主父偃向武帝揭发齐王的淫乱之事，武帝任命他担任齐国国相，调查此事。主父偃到了齐国，把兄弟朋友都召集起来，散发五百金，对他们说："当初我穷困的时候，兄弟不给衣穿，不给饭吃，朋友也不让我进门，现在我做了齐相，你们却跑到千里之外来迎接。我现在和你们断交，请你们从此不要再登我的门！"

齐王知道主父偃来调查自己，十分担心，因为之前就有别的诸侯王因为类似的事被处决。齐王越想越害怕，就自杀了。齐王之死，让其他诸侯王人人自危，都想除掉主父偃。

主父偃还是平民时曾经游历燕国、赵国，担任官职之后揭发过燕王的罪行，赵王很担心主父偃会揭发自己，趁着他在齐国，向武帝揭发主父偃大肆接受贿赂，只要给钱就能封侯。

不久，齐王自杀的消息传到京城，武帝以为是主父偃威胁齐王迫使他自杀的，十分愤怒，将他关进监狱。

主父偃招认受贿之事，但的确没有逼齐王自杀。武帝不想杀主父偃，但大臣公孙弘说："这件事主父偃是罪魁祸首，不杀他，无法向天下人交代啊！"武帝只好下令灭了主父偃全族。

主父偃得宠时，门客有一千多人，等到他被处死，只有一个门客为他收尸。主父偃的"推恩令"加强了中央集权，但他的性格缺陷也很明显，最终自取其祸。

经典原文与译文

【原文】大臣皆畏其口，赂遗累千金。或说偃曰："大横！"偃曰："臣结发游学四十余年，身不得遂，亲不以为子，昆弟不收，宾客弃我，我厄日久矣。丈夫生不五鼎食，死则五鼎亨耳！吾日暮，故倒行逆施之。"
——摘自《汉书·卷六十四上》

【译文】大臣们都害怕主父偃能言善辩，用财钱贿赂他累计有一千金。有人劝告主父偃说："你太横行无忌了。"主父偃说："我自成年后，游历各国四十多年，一直不得志，父母不拿我当儿子，兄弟不肯收留我，朋友厌弃我，我穷困潦倒的日子很久了。大丈夫在世，活着不能享受五鼎盛放的山珍海味，死时就接受五鼎的烹刑吧。我已经时日无多，所以不能按常理做事！"

词语积累

相见恨晚：恨，遗憾。对相识太晚感到遗憾。

逆行倒施：逆，反常；施，做事。做事不遵常理，不择手段。今指所作所为违背时代潮流或人民意愿。

足智多谋：智，聪明；谋，计谋。富有智慧谋略。形容善于谋划和用计。

日暮穷途：暮，傍晚；途，路。天色已经晚了，路已经走到尽头。比喻走到了末日或衰落的阶段，也比喻已经无路可走。

东方朔传

> 东方朔（约公元前161—约公元前93年），字曼倩，平原郡厌（yā）次县（今德州市陵城区）人，西汉著名文学家。

🟢 滑稽的辞赋家

东方朔年轻时很喜欢读书，十分爱好儒学，广泛浏览过诸子百家的书籍。

汉武帝即位后，下令征召天下有才能的人，可以破格任用。

东方朔上书自荐说："臣从小失去父母，十三岁读书，十五岁学击剑，十六岁学《诗经》《尚书》，阅读了二十多万字。十九岁学习兵法，也阅读了二十多万字。今年二十二岁，身高九尺三寸，眼睛像珍珠一样明亮，牙齿像贝壳一样洁白，既勇猛又敏捷，既廉洁又有信用。像臣这样的人，应该成为天子的大臣，所以冒死上奏陛下。"武帝很欣赏东方朔的勇气，让他在公车署等待召见。

东方朔等了很久，得不到武帝的召见。有一天，他看见管御马的侏儒，心生一计，吓唬道："你们知道吗？皇上认为你们对朝廷没什么用处，上不能为国分忧，下不能耕田种地，只会浪费钱粮，要把你们全部杀掉。想活命的话，赶紧向皇上求情吧！"

侏儒们非常害怕，跑去向武帝求情。武帝知道后，把东方朔叫来问话。东方朔说："臣是不得已才这么做的。侏儒身高三尺，臣身高九尺，俸禄却一样多，总不能他们吃饱却饿死小臣吧？陛下要是不能重用臣，请让臣回家，臣不在这儿吃白饭！"武帝听完捧腹大笑，让东方朔在金马门等待召见。

武帝很喜欢玩射覆占卜的游戏，有一回，他把一只壁虎藏在盆内，让大家猜测，大家都没有猜中。东方朔说："臣曾学过《易经》，想来试试！"

于是他摆开各种卦象，缓缓说道："说它是龙又没角，说它是蛇又有足，突出的本领是爬墙，这东西不是壁虎就是蜥蜴。"武帝见他答对了，赏赐财物。

有人不服气，说东方朔是凭运气猜中，要跟他一较高下，连连出谜。东方朔应声就答，无一不中，镇住了在场所有人。

武帝这才认为东方朔是个真正的人才。

　　武帝喜欢游猎,每次出宫打猎都要好几天。他不想扰动百姓,想要修建上林苑,让人估算大概费用。

　　东方朔恰好在场,便向武帝谏言,说修上林苑的地方物产富饶,若因为修上林苑而毁坏农田,绝不是富国强民的办法,还摆出商纣王、秦始皇的例子。武帝觉得有理,又升了东方朔的官,赏赐一百斤黄金。

　　汉武帝的姐姐有个儿子很骄纵,姐姐临终前请求武

▼ 东方朔进谏汉武帝

帝,用重金赎儿子一次死罪,武帝答应了。后来,武帝这个外甥果然犯了杀人罪被捕入狱。大臣们纷纷说情,希望武帝遵守诺言。武帝感到伤心,流泪叹息,但最终下令不予赦免。

东方朔跑到武帝面前祝贺说:"臣听说圣君赏赐不避仇人,责罚不分亲人。陛下做到了这样,是万民的福气。"武帝没有理他,起身走了,到晚上又把他叫来责备。

东方朔说:"臣听说太高兴就会阳气过盛,太悲伤就会阴气亏损,阴阳混乱,精神容易散乱,邪气容易入侵。解忧消愁没有能比得上酒的,所以臣才恭喜陛下,用酒止哀啊。"武帝听了也就不生气了。

东方朔性格诙谐,言辞幽默,善于察言观色,借机直谏,因此他的谏言经常获得采纳。有一次,东方朔上书力陈农战强国之策,说自己没有做过什么大官,希望获得试用的机会,但武帝觉得他只是滑稽之谈,没有听从。东方朔便写下数万字的《答客难》一文,以此安慰自己。

东方朔晚年对武帝说:"《诗经》里说,'善良的君子,不要听信谗言,谗言没有止境,会令四方不宁。'希望陛下远离小人,不要听信谗言。"武帝感到奇怪:东方朔说话一贯诙谐,现在怎么这么正经呢?过了不久,东方朔便去世了。

东方朔的代表作还有《非有先生论》《七谏》《封泰山》等,他对汉赋的发展有重大贡献。

经典原文与译文

【原文】 朔入,上曰:"昨赐肉,不待诏,以剑割肉而去之,何也?"朔免冠谢。上曰:"先生起,自责也!"朔再拜曰:"朔来!朔来!受赐不待诏,何无礼也!拔剑割肉,一何壮也!割之不多,又何廉也!归遗细君,又何仁也!"上笑曰:"使先生自责,乃反自誉!"复赐酒一石,肉百斤,归遗细君。——摘自《汉书·卷六十五》

【译文】 东方朔入朝,汉武帝说:"昨天赐肉,你没有等待诏令,就用剑割肉走了,为什么呢?"东方朔摘下帽子谢罪。武帝说:"先生请起,自己反省吧!"东方朔两次下拜,说:"东方朔呀,东方朔!接受赏赐却没有等待诏令,多么无礼呀!拔剑割肉,多么豪迈呀!割的肉也不多,又是多么廉洁呀!回家把肉送给妻子,又是多么仁慈呀!"武帝笑着说:"让先生自己反省,竟然反过来夸自己了!"又赐给他一石酒,一百斤肉,回家送给妻子。

词语积累

管窥蠡(lí)测：管，竹管；窥，从孔隙里看；蠡，用贝壳做的瓢。从竹管里观看天，用瓢来测量海水。比喻对事物的观察和了解很片面狭窄。

无以塞(sè)责：塞责，抵塞罪责。没有办法弥补自己应该承担的责任。

水清无鱼：水很清澈，鱼就无法存身。比喻特别计较别人的小缺点，就无法团结人。

目若悬珠：眼睛像一双悬挂的珍珠。形容眼睛明亮有光彩。

谈何容易：原指臣子向君王进言很困难。今指某些事情做起来不像说的那么简单。

霍光传

> 霍光（？—公元前68年），字子孟，河东郡平阳县人，西汉著名权臣、政治家。

● 受命托孤，权倾朝野

霍光是冠军侯霍去病同父异母的弟弟，霍去病把他带到京城长安，当时霍光只有十几岁，被封为郎官。

霍去病去世后，霍光得到提拔，经常跟随汉武帝出行，在宫内侍奉武帝二十余年，从来没有出过差错，深得信任。

自从武帝的第一个儿子太子刘据被人陷害自杀后，太子之位一直空缺。武帝晚年经过再三思量，决定册立小儿子刘弗陵为太子。当时刘弗陵还小，武帝想找一个靠得住的大臣辅助他，心中的第一人选便是霍光。

武帝命人画了一幅周公背着周成王接受众人朝贺的画

▲ 汉武帝托孤霍光

赐给霍光，暗示让他辅政。公元前87年，武帝病重，霍光流着泪说："如果陛下有不测，由谁来继位呢？"武帝说："难道你不明白上次送你那幅画的意思吗？册立小儿子刘弗陵为帝，你要像周公辅佐成王那样辅佐他。"霍光接受武帝的托付，辅佐刘弗陵继位，是为汉昭帝。

　　汉昭帝时年八岁，朝中大事都由霍光决定。有一次，霍光找来掌管玉玺的郎官，索要玉玺，郎官不肯给，霍光突然拔剑相逼，郎官说："臣的头可以给你，但玉玺不能给！"霍光放下剑点头称赞，将这个郎官连升两级，众人因此很佩服霍光。

燕王刘旦是昭帝的哥哥,因为没能继承皇位,心中不满,联合同为辅政大臣的上官桀、桑弘羊,趁着霍光休假的时机,假托燕王的名义上书,告发他有不臣之心。昭帝看了这封信,没有说话。第二天,霍光听说了这件事,心中担心,不敢进殿。昭帝把霍光叫进来,说道:"我知道这封信是假的,你没有不臣之心。"

后来,昭帝下令追查此事,刘旦等人打算发动反叛,废除昭帝。事情泄露,霍光率先出手,将刘旦、上官桀、桑弘羊等人全部抓捕后诛杀。

从此,霍光成为朝政的实际决策者。昭帝成年后,依然委托霍光执政,这一时期,国家富强,百姓富足,周边的小国也都称臣归服。

公元前74年,昭帝驾崩。因为昭帝没有儿子,霍光便迎立武帝的孙子昌邑王刘贺继位。没想到刘贺刚登上皇位就淫乱后宫,霍光感到十分不安。

有人跟他说:"伊尹在殷朝当丞相时,就废除了暴虐无度的国王太甲,才使国家安定下来,后人都称赞他的功劳。如果丞相也能这么做,就是汉朝的'伊尹'啊!"霍光会同群臣一起面见太后,详细陈述刘贺不能继续当皇帝的原因,于是只当了二十七天皇帝的刘贺被废黜。

汉书·霍光传

刘贺被废后，霍光与群臣商议谁来继位，最后选中了废太子刘据的孙子刘病已，是为汉宣帝。宣帝早年生活在民间，在朝廷毫无根基，知道霍氏权势强盛，表面上对霍光很恭敬，但内心十分忌惮。

有一回，宣帝拜祭汉高祖，霍光陪同他坐一辆车，宣帝感到背上有刺一般，心中害怕。后来，由别的大臣代替霍光陪同，宣帝才安定下来。

宣帝登基后，群臣提议册立霍光的女儿为皇后，宣帝婉拒，最终册立原配妻子许氏为皇后。霍光的妻子感到不满，买通太医毒死了许皇后，霍光的女儿顺理成章成为皇后。许皇后死后，宣帝命人严查，太医害怕，便将此事告诉了霍光。霍光知道后大为震惊，犹豫再三，碍于夫妻情分，遮掩了此事。事情虽然暂时过去，却埋下了隐患。

公元前68年，霍光病重去世，霍氏子孙们不知收敛，随意扩大霍光的陵墓，最终引来杀身灭族之祸。后人都说："威势大过天子的人，必定不能长久，霍氏的祸患，从陪同天子乘车的时候就开始了。"

霍光辅政前后长达二十年，西汉国力得到显著增强，对外关系也处理得很好，西汉王朝呈现出中兴景象，后人把这一时期称作"昭宣中兴"。在麒麟阁十一位功臣的画像中，霍光列首位。

二十四史马上读,语文历史都进步

经典原文与译文

【原文】上乃使黄门画者画周公负成王朝诸侯以赐光。后元二年春,上游五柞(zuò)宫,病笃,光涕泣问曰:"如有不讳,谁当嗣者?"上曰:"君未谕前画意邪?立少子,君行周公之事。"——摘自《汉书·卷六十八》

【译文】于是汉武帝命令在黄门供职的画师,画了一张周公姬旦背着周成王接受诸侯朝贺的画赐给霍光。后元二年春天,武帝游览五柞宫,病得很厉害,霍光流着泪问:"如果陛下有不测,由谁来继位呢?"武帝说:"难道你不明白上次送给你那幅画的意思吗?册立小儿子刘弗陵为帝,你要像周公辅佐成王那样辅佐他。"

躬行节俭:躬行,亲自践行。自己带头做到节约俭省。

焦头烂额：烧焦了头，灼伤了额。比喻非常狼狈窘迫。也形容忙得不可开交。

芒刺在背：芒刺，细刺。像有小刺扎在背上一样。形容内心惶恐，坐立不安。

曲突徙薪：曲，使弯曲；突，烟囱；徙，迁移；薪，柴草。把烟囱改建成弯的，把灶旁的柴草搬走。比喻提前采取措施，才能预防灾祸。

想望风采：想望，仰慕；风采，风度神采。十分仰慕某人，盼望相见。

不学无术：因为没有学问，所以没有办法。今形容没有学问，没有本事。

扬雄传

> 扬雄（公元前53—公元18年），字子云，蜀郡郫（pí）县（今成都市郫都区）人，西汉著名辞赋家、思想家，汉赋四大家之一。

🟢 淡泊名利的辞赋大家

扬雄的家族世代以耕种养蚕为业，到扬雄时，已经连续五代单传，所以没有别的亲族。扬雄小时候十分好学，博览群书，不仅认真通读文章，还把每个字词的意思都研究得很透彻。

扬雄性格宽和，有些口吃，不太爱讲话，喜欢静静地思考。对于功名富贵扬雄也没有什么欲望，家产不超过十金，家里常年没有一石粮食的储备，但是他毫不为虑，生活得十分悠然。

扬雄为人处世有操守，不是圣贤之书不读，不符合

▼ 扬雄作赋

自己心意的事，再富贵也不干。司马相如是西汉前期的辞赋大家，在家乡蜀郡很有名声，扬雄很佩服他，把他当成学习的榜样。

扬雄也很欣赏屈原，认为屈原的文采比司马相如更高一筹。屈原的理想不能被当时的社会接纳，最终投江自杀，扬雄每次读到他的文章，都流泪叹息。扬雄认为，有才能的人若遇到好时代，就可以大有作为；遇到不好的时代，就像龙蛇蛰伏一样等待时机；如果机遇不好，也是命中注定，何必要投江自杀呢。于是他参照屈原的作品，写成《反离骚》《广骚》《畔牢愁》等赋文，向屈原致敬。

后来，扬雄经人推荐，在汉成帝身边随侍。有一回，扬雄随成帝前往甘泉宫。甘泉宫作为皇帝的避暑之地，是在秦宫的基础上建造的，规模不小，武帝增修了很多景致，更显得壮观。

但成帝认为建筑时间已久，想进一步修缮。扬雄想劝谏，觉得时机不对，思来想去，便写了一篇《甘泉赋》，谏讽汉成帝的奢靡。成帝对他的才能感到惊奇。

几个月后，成帝率领群臣祭祀后土神，在回来的路上游历山河，感怀上古圣王的遗风。扬雄认为，与其对着河川羡慕水里的鱼，不如认真结网更实在，于是回去写了一篇《河东赋》，劝谏成帝以实际行动向古人学习。同年年底，扬雄又写成《羽猎赋》，劝谏成帝不要沉迷狩猎。

第二年，成帝想向胡人炫耀汉朝的禽兽众多，在秋季命令百姓入山抓捕野兽，装车运到长杨宫的射熊馆，教胡人怎样与野兽搏斗。秋季正是收获的季节，农民抓野兽就耽误了收割庄稼，扬雄便写下《长杨赋》，以汉高祖为民请命、汉文帝节俭亲民、汉武帝解除边患等事迹，讽谏成帝背离历代先帝的美德，不顾念养护百姓。

扬雄写的赋多了以后，觉得文学只是雕虫小技，有志向的人不应该专注于此，所以转而研究哲学。他仿照《论语》写作《法言》，模仿《易经》写作《太玄》，认为"玄"是万物的根本。但当时的人都不理解，扬雄便写作《解嘲》一文作为答复。

扬雄家境贫寒，喜爱喝酒，却很少有人登门找他，只是偶尔有人带着酒菜跟他学习《太玄》。大学者刘歆（xīn）对他说："白白自讨苦吃！现在的学者有俸禄，但向来看不懂《周易》，更何况《太玄》呢？我担心后人用它来盖酱盆子。"扬雄笑笑没有说话。

扬雄经历了汉成帝、汉哀帝、汉平帝时期，当初和他一起被推举的人都做了大官，权力过人，只有扬雄一直没有升迁。但扬雄也一点也不在乎，依旧淡泊名利，平静生活。

扬雄去世后，有人问著名学者桓谭："你曾称赞扬雄的书，难道真的能流传后世吗？"桓谭说："一定能，只不过我们都看不到了。人们总是轻视近的而重视远的，看到扬雄貌不惊人，就轻视他的才华。扬雄的书用意很深，如果遇到开明的君主，再被大贤读到，一定会被认为超过诸子百家！"

扬雄是西汉继司马相如后又一位辞赋大家，他对汉赋的批评标准对后世有极大影响。他的文学创作和文学理论，对后世文学的发展起到了巨大的推动作用。

经典原文与译文

【原文】家素贫，耆（shì）酒，人希至其门。时有好事者载酒肴从游学，而巨鹿侯芭常从雄居，受其《太玄》《法言》焉。刘歆亦尝观之，谓雄曰："空自苦！今学者有禄利，然向不能明《易》，又如《玄》何？吾恐后人用覆酱瓿（bù）也。"雄笑而不应。——摘自《汉书·卷八十七下》

【译文】扬雄家境贫寒，喜爱喝酒，但很少有人登他的门。当时有爱好者带着酒菜去跟他学习，而且巨鹿郡的侯芭经常跟扬雄一起居住，学了他的《太玄》《法言》

汉书·扬雄传

等。刘歆也曾经读到这些书,对扬雄说:"白白自讨苦吃!现在的学者有俸禄,但向来看不懂《周易》,更何况是《太玄》呢?我担心后人用它来盖酱盆子。"扬雄笑笑没有说话。

词语积累

参差不齐:参差,长短、高低不一致。形容十分不整齐或水平差距大。

闳(hóng)言崇议:闳,宏大。博大高远的议论。

析辩诡辞:巧言邪说。

海内澹(dàn)然:澹然,安静从容的样子。形容国家安定,生活秩序很正常。

耆(qí)老久次:耆,耆老,年老而有地位的士绅。年高有德的人长期居于下位。

儒林传

> 儒林，是指儒家学者群体。儒家自孔子创立，始终是一门显学，司马迁在《史记》中写作《儒林列传》，后世正史均有合传。《汉书·儒林传》共一卷，记载西汉二十多位儒家学者，本书选取京房、孔安国为代表。

"易学宗师"京房

京房（公元前77—公元前37年），本姓李，字君明，自推音律定为京氏，东郡顿丘县（今濮阳市清丰县）人，西汉学者、易学家。

京房在汉元帝时做过郎官，对《周易》颇有研究。师从著名学者焦延寿，深得真传。焦延寿讲《周易》，经常推究灾难，用灾害解释卦象，并与人事相结合。

京房把他的学说进一步放大，并更加极端化，直至与朝政联系在一起。他经常到处宣讲，把自己的政治抱负也融在其中。焦延寿看出了干政的危险性，非常忧虑地说："继承我的学说而最终惹来杀身之祸的，恐怕就是京房了。"

公元前45年，西羌反叛，又发生了日食，太阳长时间暗淡无光，阴雾不散。京房利用这个机会给元帝上了好几道奏疏，预言会发生什么事，结果少则几个月，多则一年，预言中的事果然都发生了。元帝就询问京房，京房通过讲解灾难之说，得到信任，从此很多朝中要事都要咨询他。京房趁机向元帝献上"考功课吏"之法，通过考察官吏们的政绩决定升迁降职，但他制定的考察办法非常琐碎，引起很多人不满。

当时，权宦石显专权，京房对元帝说："陛下认为现在的政治是清明还是混乱呢？"元帝说："混乱到极点了。"京房说："任用贤明的人就会清明，任用不贤明的人就一定会混乱。现在任用的是什么人呢？"元帝知道京房说的是石显，但没有挑明，含糊地说："我明白了。"

随着考功课吏法的实行，石显等人感到很大威胁，就向元帝建议让京房去各地推行此政，借此将他调离京城。元帝便任命京房去地方担任太守。京房走后，毁谤他的奏章接踵而来。京房知道处境危险，多次给元帝上书，以天象之说请求回京，但元帝不再相信他。京房最终遭到陷害入狱，被斩于市。

《周易》经过孔子编订之后，演化成修身养性、安邦

汉书·儒林传

治国的经典之作。京房继承了易学最初的占卜功能，在此基础上发展出一套推算福祸吉凶的方法，使《周易》变成了术数之学。这套学说在当时就名声显赫，对后世影响也很大，被称为"京氏易学"，流传至今。

"古文尚书学"开创者孔安国

孔安国（公元前156—公元前74年），字子国，鲁国（今山东省曲阜市）人，孔子的后裔，西汉经学家。

孔安国从小喜欢读书，跟随当时著名的学者学习儒家经典，学识渊博，擅长经学。汉武帝时，他担任博士，还做了史学家司马迁的古文经学老师。

自从秦始皇"焚书坑儒"及秦末战乱之后，学术一度中断。汉朝建立后，经过几十年的努力，将先秦儒家学说收集整理了一番。当时的传授是师生口耳相传，尽管传述、注释者不同，最终都用通行的隶书写定，因此统称今文经学。汉武帝时，为了培养人才，朝廷大开学堂，规定统一使用今文经学教授。

后来，封地在孔子家乡鲁国的诸侯王刘余扩建宫殿，拆除孔子的老宅，在墙壁中发现了一批儒家文献，上面的文字都是先秦时期的，叫作蝌蚪文，已经无人能懂。

孔安国便重新对这批古籍进行校订,发现《尚书》和《今文尚书》在内容上有较大的差异,因为用的是古文字,故称其为《古文尚书》。孔安国还根据古文和今文两个版本作了"传",称为《孔安国尚书传》。司马迁写作《史记》,就引用了很多《古文尚书》的内容。

因为汉武帝规定统一用《今文尚书》教学,因此《古文尚书》只是流传而已,并不占主流地位。到西晋末年,古文、今文都因为战乱散亡,有个叫梅赜(zé)的学者进献了《古文尚书》,从此该书一直流传到清朝,始终都是科举取士的定本,对后世影响巨大。孔安国因此成为"古文尚书学"的开创者。

后来,经过很多学者前赴后继的研究,最终证明梅赜进献的《古文尚书》及《孔安国尚书传》都是伪作,但对于今天的人而言,它们仍然是研究古史的珍贵史料。

经典原文与译文

【原文】房曰:"……陛下视今为治邪,乱邪?"上曰:"亦极乱耳。尚何道!"房曰:"今所任用者谁与?"上曰:"然幸其愈于彼,又以为不在此人也。"房曰:"夫

汉书·儒林传

前世之君亦皆然矣。臣恐后之视今，犹今之视前也。"——摘自《汉书·卷七十五》

【译文】京房说："……陛下看当今天下是清明呢，还是混乱呢？"汉元帝说："太乱了。是什么原因呢？"京房说："如今任用的是什么人呢？"汉元帝说："但幸运的是，现在的灾祸比以前少，政道比以前好，这跟现在任用什么人没关系吧。"京房说："前任君主也这么认为。臣恐怕后人看我们，就像我们看前人啊。"

面墙而立：面对着墙站立。比喻不学习的人，就像面对墙壁站立，什么都看不见。

带经而锄：经，儒家经典。出去锄地都带着经书。比喻生活贫困，依然坚持学习。

循吏传

> 《汉书·循吏传》共一卷,记载六位循吏,本书选取文翁、黄霸为代表。

公学始祖文翁

文翁(公元前187—公元前110年),名党,字仲翁,庐江郡舒县(今合肥市庐江县)人,在《循吏传》中排名第一。

文翁年轻时爱好学习,精通《春秋》,在郡县担任小吏,后来通过察举得到提拔。

汉景帝时,文翁担任蜀郡(今四川省)太守,发现蜀地民风粗鲁,想施以教化,于是决定从当地教育入手。他亲自选拔了十几个聪明有才华的小吏,把他们送去京城学习法规和礼仪。这些人学成归来后,他安排他们担任要职,逐步提拔重用。

文翁又在成都（今成都市）兴办官学，招来许多年轻学生。对于贫困的学生，免除他们的赋税徭役。成绩好的学生，派他们去郡县做官，成绩稍次的学生，派他们去主管教化。文翁经常挑选一些学生跟随在自己身边，四处传布教令，教化民风，出入官府。

当地人看到后，觉得这是很光荣的事，争相成为学校的学生，有钱人甚至不惜花钱来取得入学名额。经过文翁的教化，蜀地的风气得到很大提升。

此后，更多蜀人主动前往京城求学，人数规模跟齐鲁之地相当。后来，汉武帝即位，正式下令全国各地设置官学，负责培养人才，文翁便是这一措施的开创者。

因为文翁是第一个在地方开办官学的人，后世把他尊为"公学始祖"。

文翁在蜀地去世，当地人为了纪念他，修建祠堂，每逢节日都要祭拜他。巴蜀地区爱好文雅的风气，与文翁的教化有直接关联。

政绩第一黄霸

黄霸（公元前130—公元前51年），字次公，淮阳郡阳夏县（今周口市太康县）人，西汉名臣。

汉书·循吏传

黄霸年轻时有大志向，研习法律，因为喜欢做官，在汉武帝晚年捐了一个官职，负责管理郡县的钱粮进出。黄霸公正无私，管理得当，没有瞒报贪污，因此被提拔。

后来，黄霸因为清正廉洁，被举荐担任河南郡（今洛阳市一带）郡守的副手。他精通法律，善于观察，为人温和善良，与百姓相处得很好。他处理大小事情都合乎法度，众人十分信服。

汉昭帝即位后，霍光辅政，继续沿用汉武帝时期的严刑峻法，全国各地都崇尚严酷刑罚，只有黄霸坚持以宽厚的政策待民，获得很好的名声。汉宣帝继位，听说黄霸执法公平，让他担任廷尉正，主管诏狱和修订律令。黄霸不负信任，解决了许多疑难案件，人人都觉得处理妥当。

后来，黄霸因为政绩卓著，被派去颍川郡担任太守。他挑选品行好的官吏，四处宣布皇上的诏令，让百姓们都知道皇上的德政。他又制定教令，带领百姓们致力农桑，种植树木，喂养牲畜。黄霸凡事亲力亲为，对每件事都很熟悉，比如哪里的树适合做棺材，哪个驿馆饲养的猪可以用来祭祀，都了若指掌，众人十分佩服。

有一回，一个地方官吏上了年纪，耳朵不好使，有人提议让他告老回乡，黄霸说："这个人很廉洁，虽然年纪大了，但还能行动，就算耳朵不好使，又有什么关系呢？"

有人询问他理由，黄霸说："频繁更换地方长官，辞旧迎新的费用以及奸猾小吏乘机销毁账本、盗窃财物，于公于私支出都很大，这些费用最终都会落到百姓身上，新换的官吏未必贤德，可能还不如前任，白白增加了混乱。"

在黄霸的治理下，颍川郡的奸邪之徒越来越少，百姓生活越来越富足，户口每年都增加，政绩全国第一。宣帝大加赞赏，任命黄霸担任太子太傅、御史大夫，后来又让他担任丞相，还封他为侯。遗憾的是，黄霸善于治民，却不善于为相，在丞相任上声誉反而下降了。

公元前51年，黄霸去世，终年八十岁。自汉朝建立开始，大家说起管理百姓的官员，黄霸的政绩一直排在第一位。

经典原文与译文

【原文】许丞老，病聋，督邮白欲逐之，霸曰："许丞廉吏，虽老，尚能拜起送迎，正颇重听，何伤？且善助之，毋失贤者意。"或问其故，霸曰："数易长吏，送故迎新之费及奸吏缘绝簿书盗财物，公私费耗甚多，皆当出于民，所易新吏又未必贤，或不如其故，徒相益为乱。凡治道，去其泰甚者耳。"——摘自《汉书·卷八十九》

汉书·循吏传

【译文】许县（今河南省许昌市）的县丞年纪大了，生病而且耳朵聋，督邮报告黄霸，想要辞退他，黄霸说："许县县丞廉洁，虽然上了年纪，尚且能拜起送迎、例行公事，即使耳朵不太好使，又有什么关系呢？且要好好对待他，不能让贤德的人失望。"有人请教他其中的原因，黄霸说："频繁更换地方长官，送旧迎新的费用以及奸猾小吏乘机销毁账本、盗窃财物，于公于私支出都很大，这些费用最终会落到百姓头上，新换的官吏未必贤德，可能还不如前任，白白增加了混乱。治民的道理，去除太苛刻的就行了。"

文翁化俗： 文翁在成都修建官学，招收了很多学生，改变了蜀地的风俗。

浇淳散朴： 让淳朴的社会风气变得浅薄。

游侠传

> 游侠,是指性格豪爽、喜欢交游、轻生重义,能排难解纷的人。游侠普遍来自社会下层,行侠仗义,视法律为无物。《史记》也有《游侠列传》,司马迁对他们表示了同情,而班固的《汉书》认为他们罪不容诛。《汉书·游侠传》共一卷,记载了西汉七位游侠的事迹,本书选取朱家、郭解为代表。

● 淡泊侠士朱家

朱家(生卒年不详),鲁国人,秦汉之交著名的游侠。

朱家与汉高祖生活在同一时代,鲁国是孔子的故乡,很崇尚儒家思想,但朱家却以侠义闻名。

朱家并不富有,衣裳破烂,每顿饭只有一样菜,但他经常救人于危急之中,而不顾自己的私事。被他救助的侠客豪士有上百人,普通人更是不计其数,但他从不自我夸耀，对于帮助过的人，甚至不愿再次碰到他们。

季布原是楚霸王项羽手下的大将，曾经多次羞辱汉高祖。等到高祖称帝，重金悬赏季布，宣称谁敢窝藏他，要灭三族。季布剃去头发，改头换面到朱家家里当奴隶，朱家知道他就是季布，但没有拆穿他。

为了让季布彻底安全，朱家前往洛阳，游说高祖的近臣说："季布有什么过错呢？各为其主而已，难道只要是项羽的手下，都要杀掉吗？陛下刚刚取得天下，竟为了一己私仇抓捕仇人，心胸未免太狭窄了。万一季布逃到匈奴，或者南越国，岂不是更糟糕的结局！"近臣将他的话说给高祖听，高祖便赦免了季布。季布想当面感谢朱家，但朱家不再与他相见。

朱家的义举让他名声大振，关东地区的人都想与他结交。朱家因为帮助他人，时有违反朝廷法令的举动，但司马迁说："朱家的行为符合道义，廉洁谦逊，值得被称赞。"

班固则认为，游侠凭借名声聚集徒众，意志所趋，徒众们纷纷效仿，影响力超越官府，权力比地方长官还大，所以将他们视为影响社会稳定的因素。

二十四史马上读，语文历史都进步

亡命侠客郭解

郭解（生卒年不详），字翁伯，河内郡轵（zhǐ）县（今河南省济源市）人，西汉游侠。

郭解年少时凶狠残暴，稍有不如意就杀人，经常帮助亡命之徒藏身，还私铸钱币，掘人坟墓，犯下不少过错。虽然他的劣迹数不胜数，但是因为运气很好，每次他都能脱身。

郭解长大以后，慢慢开始悔过，约束自己的行为，乐善好施，帮助他人，不求回报。慢慢地，有许多人仰慕他，暗中帮助他，但不让他知道。

有一回，郭解姐姐的儿子强灌别人喝酒，双方发生争执，那人一怒之下杀了他。郭解派人暗中打探凶手的下落，凶手走投无路，便自己来找郭解详细说了事情的经过。郭解听完后说："你杀了我的外甥是对的，我的外甥不对。"于是让凶手走了。众人听说后，都称赞郭解仁义。

公元前127年，汉武帝下令将各郡的富人、豪强迁到自己的陵寝地茂陵（今陕西省兴平市境内）居住。郭解不是富人，不符合迁移标准，但被列进了迁移名单。

后来，大将军卫青帮他向武帝求情，武帝说："一个普通百姓能让大将军替他说话，还能叫贫穷吗？"于是，

180

郭解动身迁往茂陵，临行时人们送来的财物有千万之多。

郭解的侄子知道有人故意将他列入迁移名单，就把这个人杀了，这个人的家人去告状，结果告状的人也被杀了。这件事惊动了武帝，他下令抓捕郭解，郭解四处逃亡。

很久之后，郭解被抓。他的门客盛赞郭解贤能，一个儒生说："郭解藏奸犯盗，触犯公法，怎么能说他是贤人呢？"

郭解的门客非常生气，把这个儒生给杀了，还割了他的舌头。郭解不知道此事，官员调查了很久，也没找到凶手，于是上报朝廷。

当时，负责监察百官的御史大夫公孙弘认为："郭解身为一介布衣，到处结党，有人因为小事替他杀人，他居然不知道，这个罪，比他自己动手杀人还要大，应按大逆不道之罪处置。"最后，郭解全家被处斩。

经典原文与译文

【原文】解使人微知贼处。贼窘自归，具以实告解。解曰："公杀之当，吾儿不直。"遂去其贼，罪其姊子，收而葬之。诸公闻之，皆多解之义，益附焉。——摘自《汉

书·卷九十二》

【译文】郭解派人暗中打探凶手的下落。凶手走投无路,便自己来找郭解详细说了事情的经过。郭解说:"你杀了我的外甥是对的,我的外甥不对!"于是让凶手走了,认为自己的外甥有错,将他的尸体收殓埋葬。众人听说此事,都说郭解仁义,愿意跟随他的人越来越多。

罪不容诛: 诛,把罪人杀死。罪大恶极,处死都不足以抵偿。

借交报仇: 帮助别人报仇。

匈奴传

> 匈奴是我国古代蒙古高原的游牧民族，公元前3世纪兴起于内蒙古自治区阴山山麓。秦末汉初变得强大起来，屡次侵犯中原，给中原造成了很大的威胁。《史记·匈奴列传》详细记载了匈奴与中原的关系，《汉书·匈奴传》也用两卷的篇幅作了介绍。

● 称雄草原的剽悍民族

匈奴人与华夏族一样，都是黄帝的后裔，居住在北部地区，随着水草而迁徙，以打猎为生，精通骑射。

游牧生活方式，决定了匈奴人天性具有很强的攻击性，加上缺乏礼仪法律的约束，只要有利可图，他们便不会顾及情面。

商、周时期，史籍记载的鬼方、混夷、猃狁（yǔn）、戎、狄等，都是匈奴的祖先。战国时期，匈奴已经称霸草原，成为一个地域广阔的大国。

战国末年，赵国名将李牧曾大败匈奴；秦始皇统一六国后，派名将蒙恬击败匈奴，修建长城，匈奴才稍微向北迁徙。

这时，匈奴单于想将太子冒顿（mò dú）废除，便派他去大月氏国做人质。冒顿刚到月氏国，单于便发兵攻打大月氏，大月氏人大怒，想杀掉冒顿。冒顿成功逃出，回来后开始训练兵马，培养嫡系，准备夺权。

冒顿制作了一种名为鸣镝（dí）的响箭，对手下人说："我的箭射向谁，你们就射向谁，谁不射，就杀了他！"冒顿出去打猎，用鸣镝射向猎物，有人不射，都被他所杀。

后来，冒顿用鸣镝射向自己的马、自己的妻子，不敢射的人也都被杀，终于他训练出了绝对忠于自己的军队。

冒顿见时机成熟，跟随父亲出去打猎，将箭射向父亲，身边的人也跟着射。单于死后，冒顿自立为单于。当时，中原地区正值汉高祖与项羽对峙，冒顿开始疯狂地扩张领土。

冒顿刚掌权时，邻国东胡的势力十分强盛，派人找匈奴索要千里马，大臣们都反对，冒顿说："我们与东胡为邻，何必吝惜区区一匹马呢？"不久，东胡又派人来索要女子，大臣们反对，冒顿说："怎么能吝惜一个女子呢？"

东胡与匈奴之间有一片战略缓冲地,一直没人居住,东胡派来使者说:"那片荒地没人住,我们打算占据它。"

大臣们都表示赞成,冒顿勃然大怒,说:"土地是国家的根本,怎么能随意送人!"于是出兵攻打东胡,不仅夺回了土地,还缴获了大量牲畜和财物。

经过冒顿的积极经营,匈奴的势力进入全盛期,常常侵犯汉朝边界。汉朝被迫采用和亲政策,持续了六十多年。

等到汉武帝即位,汉朝已经储备了强大的实力。面对匈奴的贪婪,汉匈大战拉开序幕。

武帝先后派名将卫青、霍去病等人抗击匈奴,不惜倾尽国力。经过多次战争后,匈奴节节败退,不得不逃往漠北,很多年都无力侵犯汉朝。武帝晚年,匈奴卷土重来,重新占据漠北。

汉宣帝晚年,匈奴发生内乱,五位单于并存,相互争斗,最终分裂为南、北两部。南匈奴呼韩邪单于南下归汉,在汉朝的支持下,最终统一了匈奴全境。

公元前33年,呼韩邪单于亲自到长安朝见汉元帝,请求做汉朝的女婿,元帝把宫女王昭君赐予他为妻。王昭君嫁到匈奴以后,把汉文化带了过去,为民族融合作出了杰出贡献。

▲ 王昭君出塞

　　东汉初期，匈奴再次分裂为南、北两部，南匈奴主动归汉，北匈奴被孤立。北匈奴屡屡遣使东汉，请求和亲，但东汉朝廷不同意，北匈奴于是不断侵扰边境地区。

　　等到汉朝国力恢复，马上开始征讨北匈奴，北匈奴被打败，向西逃亡。与此同时，鲜卑族开始崛起，屡屡进攻匈奴，逐渐占据了匈奴故地。到东汉末年，横行草原几百年的匈奴慢慢衰落。

　　尽管如此，从西汉开始内迁的匈奴人，依然顽强地保持着民族特性。直到西晋灭亡，北方诸多少数民族趁势崛起，纷纷建国，匈奴人就是其中的主要力量。到了南北朝末年，有关匈奴的记载才从我国史籍中慢慢消失。

经典原文与译文

【原文】 东胡使使谓冒顿曰："匈奴所与我界瓯（ōu）脱外弃地，匈奴不能至也，吾欲有之。"冒顿问群臣，或曰："此弃地，予之。"于是冒顿大怒，曰："地者，国之本也，奈何予人！"诸言与者，皆斩之。——摘自《汉书·卷九十四上》

【译文】 东胡派使者对冒顿单于说："你们与我们东胡边界观察哨所旁的那片荒弃之地，你们到不了那儿，我们想占领它。"冒顿单于询问群臣，有的大臣说："这是荒弃之地，给他们吧。"冒顿单于听了大怒，说："土地是国家的根本，怎么能随意送人！"那些说把土地送给东胡的大臣，全部被杀了。

词语积累

兵连祸结：兵，战争；连，接连；结，相连。战争不断爆发，连续制造了灾祸。

兵荒马乱：战争造成灾荒，战马乱跑。形容战争期间社会极度混乱、动荡不安的情景。

犬吠之警：犬吠，狗叫。引发狗叫的抢劫、偷窃之类的警报。比喻较小的惊扰。

犁(lí)庭扫穴：犁，耕；扫穴，清除巢穴。将庭院变成耕地，将巢穴清除。比喻将敌对势力彻底摧毁。

衔尾相随：衔，马嚼子；尾，马尾巴。马嚼子连着马尾巴。形容一个紧跟着一个，排成行前进。

西域传

> 西域，狭义是指我国玉门关以西，葱岭以东地区，广义包括中亚、西亚直至东欧地区。西汉初年，西域被匈奴征服，汉武帝发动对匈奴的战争，解除了匈奴的威胁，张骞两次出使西域，西域各国开始与汉朝往来密切，并逐渐成为我国的一部分。《史记·大宛列传》记录了西域各国的情况，《汉书》则单独设立两卷《西域传》，记录五十一个西域国家，本书选取安息、大月氏、大宛、龟兹（qiū cí）为代表。

西域强国安息

安息（公元前247—公元224年），今天西亚伊朗一带的奴隶制帝国，位于罗马帝国与汉朝之间的丝绸之路上，因此成为商贸中心，是当时亚欧四大强国之一。

安息国距离长安约一万一千六百里，国土方圆数千里，是西域诸国中的强国。安息人用皮作为纸书写，以银币为钱，国王死后就重铸钱。

汉武帝曾派人出使安息国，国王命令将军率军两万，到东部边界迎接，很多百姓也一路跟随。汉朝使者返回时，安息国也派使者同来，观摩汉地风光，向汉朝天子进献鸵鸟蛋并表演魔术。

东汉时期，西域最高行政长官班超派甘英出使罗马帝国。走到安息国，安息国的官员说前方海路艰险，甘英便止步返回。甘英将所见所闻禀告汉和帝，再次加深了中国与中亚各国的交往。

安逸之国大月氏

大月氏，西域强国之一，公元前2世纪以前居住在我国西北地区，之后迁徙到中亚地区。

公元前5世纪至公元前2世纪，大月氏人在我国河西走廊西部过着游牧生活，风俗与匈奴相似，拥有十万骑兵，是匈奴人的劲敌。

公元前177年左右，大月氏打败另一个小游牧部落乌孙，杀掉乌孙国王，占领了他们的地方，乌孙人逃奔匈奴。

公元前174年，匈奴人打败大月氏，杀了大月氏国王，把他的头颅做成盛酒的容器。国王死后，大月氏人向西逃走，迁徙到今伊犁河流域。

三十多年后，乌孙国王的儿子长大，为父亲报仇，进攻大月氏，夺取了伊犁河流域。大月氏人继续西迁，来到大夏（今阿富汗一带）。

大夏人本来没有国君，势力分散，大月氏人便统治了那里，建立新国家。汉武帝听说大月氏人与匈奴人的仇恨，派张骞出使大月氏，想联合他们夹击匈奴。

等到张骞历经十年工夫找到大月氏，他们已经生活安定，无心征战了。但张骞却因此开辟了"丝绸之路"，从此开启了东西文明的大交流时代。

大月氏分为五部，其中贵霜部实力最强，建立了贵霜帝国，是当时亚欧四大强国之一。

天马之国大宛

大宛，古代中亚地区的一个小国，位于今天费尔干纳盆地一带，距离长安约一万两千五百五十里，约有六万户，三十万人口。大宛因与安息、大月氏等国接壤，因此气候、物产、民俗等也十分相似。

大宛人爱酿造葡萄酒，有些富人家里藏有上万石，保存几十年都不坏。大宛国境内有一座高山，山上有天马，凡人抓不到。当地人便将普通的五色母马赶上山，等待与天马交配，五色母马生下的马，出的汗是血红色，因此被称为汗血宝马。大宛还盛产苜蓿（mù xu）草，营养丰富，是汗血宝马的牧草。

当初，张骞出使西域，从匈奴逃出后，首先来到大宛，受到大宛国王的热烈款待，大宛国王还派人护送他去大月氏。张骞回到汉朝，将汗血宝马的事情告诉了汉武帝，武帝派使者带着千金去大宛，求取汗血宝马。

大宛国王爱惜宝马，不愿给汉朝，又认为自己与汉朝距离遥远，汉朝不能拿他怎么样。汉朝使者很愤怒，出言不逊，大宛国王一气之下，把使者杀了。

武帝大怒，发兵攻打大宛。历时四年，大宛战败，献出国王的头颅，汉朝才罢兵。大宛另立国王，从此臣服汉朝，约定每年献给汉朝两匹汗血宝马。同时，葡萄、苜蓿等也传入中原地区。

● 化敌为友的龟兹

龟兹，又称丘慈、邱兹、丘兹，西域大国，汉朝时属于西域北道诸国之一，距离长安七千四百八十里，有八万多人口，两万多军队，盛产铁器。

汉武帝派人出使西域，龟兹夹在汉朝和匈奴之间，立场反复不定，经常半路袭击汉使。等到汉昭帝时，汉使出使大宛，路过龟兹，就去责问龟兹国王，龟兹国王连忙谢罪，并且告诉汉使，匈奴使者也在龟兹，汉使率领随从把匈奴使者杀了。

后来，龟兹私自接受邻国质子赖丹，被汉朝将领发现，将领便将赖丹带回汉朝，昭帝命赖丹率军戍守轮台。

▼ 龟兹王朝见汉帝

轮台与龟兹离得不远,有人提醒龟兹国王,赖丹接受了汉官,手里又有军队,恐怕会对国家不利。龟兹国王就派人进攻,杀了赖丹,又害怕汉朝的天威,写下谢罪书,希望得到原谅。

　　公元前71年,汉宣帝派将领常惠大破匈奴。在回来的路上,常惠请求攻打龟兹,以惩擅杀赖丹之罪。龟兹国王听到消息,十分惊恐,连忙解释是因为听信谗言,不是自己的本意,他马上将进言的人交出,这才免了一场劫难。

　　后来,龟兹国王多次派人入汉朝觐见,学习了很多汉朝的制度和技术,两国关系逐渐密切起来。到东汉、魏晋南北朝、隋唐时期,双方仍然来往密切,直到11世纪末时龟兹被黑汗王朝所灭。

经典原文与译文

　　【原文】宣帝时,长罗侯常惠使乌孙还,便宜发诸国兵,合五万人攻龟兹,责以前杀校尉赖丹。龟兹王谢曰:"乃我先王时为贵人姑翼所误,我无罪。"执姑翼诣惠,惠斩之。——摘自《汉书·卷九十六下》

【译文】 汉宣帝时,朝廷派长罗侯常惠出使乌孙,返回时,常惠以便宜行事之权征调各国的军队,总共五万人进攻龟兹,追究龟兹之前杀害校尉赖丹之事。龟兹王认罪说:"这是我国先王在世时被贵人姑翼误导所致,我没有罪过。"把姑翼抓起来送给常惠,常惠斩杀了姑翼。

阳关大道: 阳关,古代关名,在今甘肃省敦煌市西南。古时候经过阳关,便是通向西域的大道。后泛指交通便利的宽阔长路,也比喻光明的前途。

前古未闻: 闻,听说。从来没有听说过。

非驴非马: 既不是驴也不是马。比喻不伦不类,什么都不像。

力不从心: 心里想做,可是力量够不上。

汉书·外戚传

外戚传

> 外戚，又称"外家""戚畹（wǎn）"，指帝王的母族、妻族。外戚列传，专门记录外戚的兴衰。自《史记》开始，就有《外戚世家》，此后历代正史，都有外戚的相关记载。外戚们常年靠近权力中心，能对政局造成很大影响，有时外戚专权甚至能直接威胁政权的稳固，以至于改朝篡位。《汉书·外戚传》共两卷，记载了二十多位皇后及嫔妃，本书选取窦漪（yī）房、卫子夫为代表。

◉ 平民太后窦漪房

窦漪房（？—公元前135年），清河郡观津县（今衡水市武邑县）人，汉文帝的皇后，史称孝文窦皇后。

汉高祖去世后，儿子汉惠帝继位，吕太后大权独揽。窦漪房以清白人家女子的身份入宫伺候，被称为窦姬。

二十四史马上读,语文历史都进步

　　后来,吕太后要将一批宫女分别赏赐给诸侯王,窦姬也在其中。窦姬的家因为离赵国较近,找到负责分派的宦官请求说:"请一定把我的名字放在去赵国的名单里。"宦官忘了此事,窦姬被分到代国。直到要出发时,窦姬还埋怨管事的人把她派错了。但是诏书已下,无法改变,窦姬只好去代国。

　　代国的国王刘恒,是汉高祖的第四个儿子。刘恒十分宠爱窦姬,没过几年她就生下了一女二子,分别是刘嫖(piāo)、刘启、刘武。与此同时,刘恒的王后与她所生的四个儿子全部病死。

　　公元前180年,吕太后去世,群臣铲除吕氏一族的势力后,商议决定迎立刘恒为帝,是为汉文帝。文帝登基后不久,有大臣上书请求册立太子。经过议论,窦姬所生的大儿子刘启年纪最大,纯厚仁善,可以立为太子。又过了一阵,大臣上书请求册立窦姬为皇后,文帝同意了。

　　文帝去世后,太子刘启即位,是为汉景帝,尊窦皇后为太后。窦太后很喜爱小儿子梁王刘武。有一回,刘武来长安看望窦太后,与景帝一起吃饭。景帝多喝了两杯,见母亲这么疼爱刘武,随口说:"将来我把皇位传给弟弟!"窦太后和刘武很高兴。窦太后的侄子窦婴马上反对,窦太后将他开除了族籍。

不久,"七国之乱"爆发,刘武立下大功,开始骄奢起来,积极谋求帝位。几年后,刘武入朝,请求留在京城侍奉母亲,景帝因为窦太后溺爱刘武,只好同意。第二个月,景帝废黜了太子刘荣,窦太后趁机对景帝说:"我听说商朝的制度是兄终弟及,我百年之后,把梁王托付给你。"景帝清楚母亲的意思,不敢明确拒绝,大臣袁盎旗帜鲜明地反对此事,窦太后不再提及此事。

第二年,景帝册立年仅七岁的刘彻为太子。刘武由此怨恨袁盎等人,派人杀了他们。景帝怀疑是刘武派人干的,便进行追查,果然查到是他。刘武害怕,派人找窦太后和姐姐刘嫖说情,景帝这才宽恕了他。

不久,景帝的怒气消解,刘武请求入朝。走到函谷关时,谋士献计让他偷偷入关,躲在姐姐家中。朝廷使者在关口接到刘武的车队,但刘武不知所踪。窦太后听说后,哭着说:"皇帝杀了我的儿子!"景帝又担心又害怕,不知道该怎么办。刘武这才自己带着刑具,跪在宫门前请罪。窦太后、景帝见他毫发无损,十分高兴,母子三人相对哭泣,兄弟之情也恢复如初。

几年后,刘武入朝,请求留在京城,景帝不同意。刘武回到封地郁郁寡欢,很快就去世了。窦太后哭得很伤心,每天不吃不喝,说:"皇帝果然杀了我的儿子!"景帝担

▲ 窦太后护子

心母亲的身体，便把刘武的儿子都封王，女儿都赏赐食邑，窦太后才肯开心地吃饭。

景帝去世，儿子汉武帝继位，尊窦太后为太皇太后。窦太后喜欢黄老之学，讲究清静无为，而武帝一心想采用儒家思想治国，祖孙二人发生了激烈冲突。最终，支持武帝的两位高官被迫在狱中自杀，就连窦婴也被免去丞相之职，武帝推行的新政全部被废。

公元前135年，窦太后去世，与文帝合葬于霸陵。临死前，她将自己的全部遗产赐予女儿刘嫖。

一代贤后卫子夫

卫子夫（？—前91年），河东郡平阳县（今山西省临汾市）人，汉武帝第二任皇后，史称孝武卫皇后。

卫子夫出身卑微，是汉武帝的姐姐平阳公主府上的歌女。武帝登基后，迎娶姑妈刘嫖的女儿陈阿娇为皇后，但一直没有子嗣，平阳公主挑选了一些良家女子，准备充实后宫。

一次，武帝外出祈福，返程路过平阳公主府，公主便把准备好的美人让武帝过目，武帝一个也不喜欢。接着开始饮酒，有歌女助兴，武帝一眼望去，看中了卫子夫，当即宠幸了她。

平阳公主得知后，奏请将卫子夫送入宫中，武帝欣然同意。临行前，平阳公主对卫子夫说："入宫后要好好生活，若是将来富贵了，别忘了我的引荐。"

卫子夫到了宫中，一年多没有见到武帝。后来，武帝把一些用不着的宫女放出宫，卫子夫哭着请求出宫。武帝看她哭得可怜，再次宠幸了她，不久有了身孕。武帝十分高兴，对卫子夫的宠爱一天比一天多。

卫子夫怀孕后，长公主刘嫖十分嫉妒，派人抓捕卫子夫的弟弟卫青，准备杀了他。卫青因朋友帮忙，躲过一劫。

武帝得知此事，大力提拔卫青，封赏卫家，以此表达宠信。

此后十年，卫子夫几乎获得武帝的专宠，连续生下三个女儿。陈皇后非常嫉妒，施巫蛊之术陷害她，后来事情败露，武帝震怒，废掉了陈皇后。

半年之后，卫子夫再次怀孕，于公元前128年为武帝生下第一个儿子。当时，武帝已经二十九岁，在位十四年。

武帝十分高兴，给儿子取名刘据，满朝文武额手相庆。有大臣奏请将卫子夫册立为皇后，武帝欣然批准。卫子夫被立为皇后，弟弟卫青、外甥霍去病征战匈奴屡立战功，分别被封为大将军、骠骑将军，卫氏一族显贵非常。

七年后，刘据被册立为太子。随着刘据逐渐长大，卫皇后渐渐色衰，武帝专宠她十五年后，身边有了新宠妃。尽管弟弟、外甥立下了不世之功，但卫皇后深知月盈而亏、水满而溢的道理，行事作风十分得体，处理事情很公正，深得武帝及满朝文武的敬重。

武帝晚年信奉巫蛊之术。有个叫江充的术士与太子结怨，害怕将来太子继位对自己不利，把一个桐木人偶藏在太子宫中，然后派人找到了木偶，以此诬陷太子。

武帝当时不在长安，在甘泉宫避暑。太子想找武帝辩白，江充予以阻拦。太子非常害怕，有口难辩，便把江充抓了起来，但江充的副手逃出，跑到甘泉宫说太子谋反。

太子将这件事告诉卫皇后,卫皇后护子心切,派出宫中卫队帮助太子,将江充的势力全部诛杀在长安城内。武帝听说太子谋反,派使者去长安打探消息。

使者不敢入城,谎称太子要杀自己。武帝这才派出军队镇压,太子兵败自杀,武帝收回了卫皇后的印玺。卫皇后自知难以辩白,也自杀身亡。

卫皇后治理后宫数十年,宫中再也没有嫉妒之事,也没有嫔妃因为嫉妒而互相残害,可见她的贤德。

经典原文与译文

【原文】太后出宫人以赐诸王各五人,窦姬与在行中。家在清河,愿如赵,近家,请其主遣宦者吏:"必置我籍赵之伍中。"宦者忘之,误置籍代伍中。籍奏,诏可。当行,窦姬涕泣,怨其宦者,不欲往,相强乃肯行。——摘自《汉书·卷九十七上》

【译文】吕太后挑选一些宫女出宫赏赐给诸侯王,每人五名,窦姬也在被选之列。窦姬的老家在清河郡,所以希望到赵国去,能离家近一些,于是向主管此事的宦官请求说:"请一定把我的名字放在去赵国的名单中。"宦官忘了此事,错把她的名字放到了去往代国的名单中。名单上报,吕太后下诏批准。临出发时,窦姬痛哭流涕,埋怨这位宦官,她不愿意去代国,经强迫后她才同意动身。

卫后鬓鬒(zhěn):鬒,又黑又密的头发。卫皇后的头发乌黑。汉武帝的皇后卫子夫因为黑发如云获得宠幸。

色衰爱弛:色,姿色;弛,减退。女子因姿色衰退而受到的宠爱减退。

黄老之术:黄,黄帝;老,老子。黄帝之学和老子之学的合称,是道学的源头。

汉书·王莽传

王莽传

> 王莽（公元前45—公元23年），字巨君，魏郡元城县（今邯郸市大名县）人，新朝开国皇帝。

◉ 篡位的野心家

　　王莽的姑姑是汉成帝的母亲，王氏一族作为外戚，十分显贵。王氏子弟生活奢靡，只有王莽非常俭朴谦和。他对待母亲十分孝顺，结交朋友很讲义气，学习刻苦，作风严谨，成为当时的道德楷模。

　　王莽二十四岁入朝为官，做事认真，待人恭敬。有一回，王莽的伯父、大司马王凤病了，王莽一连几个月不脱衣服，在床边伺候。王凤临终之时把王莽托付给成帝和王太后。

　　王莽身居高位，但行事谨慎，礼贤下士，他的叔父们上书成帝，愿意让出一部分封地给王莽，朝中很多知名人士纷纷称赞他，成帝也认为王莽人才难得。王莽的

二十四史马上读，语文历史都进步

官职逐步提升。

王莽的官越做越高，却越来越恭敬，经常把俸禄分给宾客和百姓，把车马和衣物卖掉分给穷人，结交朝臣。他的好名声传遍朝野，甚至超过掌权的叔父们。

大司马王根是王莽的叔叔，即将退任，王太后的外甥淳于长发迹早于王莽，名声也在王莽之上，接任大司马的呼声很高。王莽想谋求大司马之职，就悄悄派人搜集淳于长的罪证，通过王根向成帝奏报，淳于长在狱中被杀。

王根退休，向成帝推荐王莽，王莽顺利地当上了大司马。王莽更加伪装自己，加倍努力工作，生活也更俭朴。

有一次，王莽的母亲病了，王公大臣们前去探望，王莽的妻子出去迎接，穿着十分简陋，被误以为是家中的奴仆。众人得知这竟然是王莽的夫人时，都十分吃惊，感叹他的勤俭。

公元前7年，成帝去世，汉哀帝继位，哀帝的祖母以及皇后的家族开始得势，王莽只得辞职隐居。其间，王莽的儿子杀了家里的奴仆，王莽严厉谴责儿子后，逼他自杀。大家听说了此事，都称赞王莽。

哀帝去世，王太后下诏让朝臣推选大司马人选，很多人都推荐王莽，于是王莽再次担任大司马。王莽拥立年仅九岁的汉平帝登基，自己独揽朝政。凡是依附他的人都得到提拔，反对者必遭杀戮，就这样，王莽渐渐笼络了一批心腹。

公元1年，大臣们上书，称王莽的功绩与霍光不相上下，应该享受同样的封赏。王莽假意推辞了几次后，接受了"安汉公"的称号。次年，全国发生旱灾、蝗灾，百姓四处流亡，王莽带头捐出土地救济灾民，人们称赞王莽的功德，说他像古代的圣人。

王莽担心平帝的外戚卫家会瓜分他的权力，对太后说："以前哀帝继位，重用外戚，使得国家大乱。现在皇帝幼年，应该以此为鉴。"于是把卫氏一族封到外地，远离京城。

王莽的儿子担心因此得罪平帝，想制造一些异象，趁机劝谏他，被王莽发觉。王莽一气之下把儿子关进监狱逼死，借机诛杀了卫家。大臣们知道后，都说王莽大义灭亲，把他当典范看待。

公元6年，平帝去世，王莽立两岁的孺子婴为皇太子，自己代理天子主持朝政，称为"假皇帝"。王莽的权力几乎等同于皇帝，遭到刘氏宗室的反对。几个刘氏宗室相继起兵，都被镇压下去。王莽见自己成功平叛，便有了称帝的心思。

西汉末年，谈论灾异以及禅让的风气很盛行，认为发生灾异是因为君王无道，王莽便利用这些邪说积极谋划。公元9年，王莽逼迫太后交出传国玉玺，接受小皇帝禅让登基，改国号为"新"，正式篡位称帝。

▲ 王莽独揽大权

因为王莽善于克制自己的欲望，一直以道德模范的形象出现，因此他的篡位之举，获得极大的支持，也开创了和平篡位的先例。

王莽登基后，面临的局面很复杂，政治腐败、土地兼并、朝廷奢靡，百姓的生活极其困苦，社会矛盾很尖锐。王莽针对这些情况，推行了一系列烦琐的改制，他将天下之田改叫"王田"，奴婢改为"私属"，均不能买卖；多次改变币制、官制，强令百姓移民，等等，招致很多不满。他甚至把已经臣服汉朝的匈奴及西域诸国"王"号降为"侯"，由此挑起无谓的争端。一时间，社会动荡，民怨沸腾，终于爆发了农民起义。

公元23年，王莽举行哭天大典，起义军趁势攻入长安，王莽慌忙逃窜，被起义军捕杀。至此，王莽创建的新朝灭亡。

王莽的改制，不仅没有解决当时的社会矛盾，反而激发了矛盾，导致身死国灭。后人根据儒家伦理标准，将他定为篡位的奸贼，被后世唾骂。到了近现代，一些学者研究他的改革措施后，盛赞他是穿越到两千年前的社会主义者。

经典原文与译文

【原文】尝私买侍婢，昆弟或颇闻知，莽因曰："后将军朱子元无子，莽闻此儿种宜子，为买之。"即日以婢奉子元。其匿情求名如此。——摘自《汉书·卷九十九上》

【译文】王莽曾经偷偷买了一个婢女，他的一些兄弟都听说了此事，王莽就解释说："后将军朱子元没有儿子，我听说这个女子能多生儿子，所以替他买了下来。"当天就把这个婢女送给朱子元。王莽为了求名声，隐藏实情到这种程度。

二十四史马上读，语文历史都进步

闭门自守：闭门不出，洁身自保。

吕武操莽：指吕雉（zhì）、武则天、曹操、王莽四个人。按照儒家伦理道德，这四个人被认为是用阴谋篡夺君位的野心家。比喻窃取政权的国贼。

无以复加：没有可能再增加。比喻在程度上达到了极点（多指做坏事）。

穷凶极恶：穷，穷尽；极，极端。极端凶恶残暴。比喻说话做事很过分，极其凶残。

正颜厉色：颜，脸色；色，神情。脸色严正，神情很严厉。

无可厚非：不必过分地责备和非难。